Inhalt

Bildnachweis:

S. 32: Juli Zeh: picture alliance / Stephan Persch | Stephan Persch

Quellen:

S. 8: Zitat von Sibylle Lewitscharoff: https://www.welt.de/kultur/plus189999687/Sibylle-Lewitscharoff-ueber-Sprachpolizei-und-Gender-Unfug.html

S. 10: *Die „fünfte Gewalt" nach Pörksen*: https://koerber-stiftung.de/mediathek/die-fuenfte-gewalt-der-skandalforscher-bernhard-poerksen-im-gespraech-mit-christoph-kucklick

S. 12: Zitat von Norbert Lammert: https://www.bwstiftung.de/fileadmin/bw-stiftung/Publikationen/Stiftung/Stiftung_Perspektive_2017-01.pdf;

Grundlagen: Politische zwischen Verständigung und Strategie: https://www.bpb.de/themen/parteien/sprache-und-politik/42678/einstieg-sprache-und-politik

Deutsch

Berlin · Brandenburg

STARK

Was erwartet mich?

Die **Schwerpunktthemen des Deutschabiturs in Berlin und Brandenburg** sind breit gestreut und umfassen neben der **Kommunikation im öffentlichen Raum** und der **Naturlyrik** auch zwei **Pflichtlektüren** (*Woyzeck* und *Corpus Delicti*). Bei dieser Themenvielfalt den Überblick zu behalten, ist nicht immer leicht. Ihnen dabei zu helfen, ist das Hauptanliegen des vorliegenden Büchleins, das nach dem Doppelseiten-Prinzip aufgebaut ist.

- Jede Doppelseite beginnt mit einem **Schaubild**, das ein schnelles Erfassen des Themas ermöglicht und seine zentralen Merkmale veranschaulicht. Durch die grafische Gestaltung werden Zusammenhänge auf einen Blick deutlich und sind leichter zu behalten.

- Das **Kästchen** neben den Grafiken vermittelt wissenswerte, interessante oder kuriose Zusatzinformationen zum Thema. Diese gehören sicher nicht zum Standardwissen, können aber dabei helfen, sich die abiturrelevanten Inhalte besser einzuprägen.

- Die **Doppelseiten** zur **Kommunikation im öffentlichen Raum** enthalten sowohl **Grundlagenwissen** zum Thema (Beschreibung „öffentlicher Raum"; Kommunikationstheorien) als auch eine Zusammenstellung beispielhafter **Diskussionszusammenhänge und Unterbereiche** dieses Themas (z. B. Behördensprache, Hate Speech, politische Kommunikation).

- Die Doppelseiten zum Thema „Naturlyrik" geben einen knappen Überblick über dominierende **Themen und Motive** der Naturlyrik sowie über deren Ausprägung in den Epochen von der **Aufklärung bis zum Sturm und Drang** sowie im **21. Jahrhundert**.

- Die zwei **verbindlichen Prüfungslektüren** werden nach dem gleichen Schema vorgestellt: Auf eine **Biografie** des jeweiligen Autors folgen eine knappe **Inhaltsangabe** des Werks und Informationen zu **Aufbau und Form**. Abgerundet werden die Literaturkapitel jeweils von einer Doppelseite mit **Deutungsansätzen** zum Werk.

- Zwei Exkurse gehen auf „**Aspekte der Dramentheorie**" in Bezug auf *Woyzeck* bzw. auf „**Aspekte der Literaturrezeption**" in Bezug auf *Corpus Delicti* ein.

- Im Kapitel **Allgemeines** fasst eine **Mini-Literaturgeschichte** die zentralen Epochen vom Barock bis zur Gegenwart knapp zusammen. Außerdem stellt eine Doppelseite die wichtigsten Merkmale der für das Abitur relevanten **Textsorten** dar. Eine **Stilmittel-Übersicht** mit gut zu merkenden Beispielen rundet das Grundwissenskapitel ab.

Der STARK Verlag wünscht Ihnen mit dem Buch viel Freude und für das Abitur viel Erfolg!

Auf einen Blick

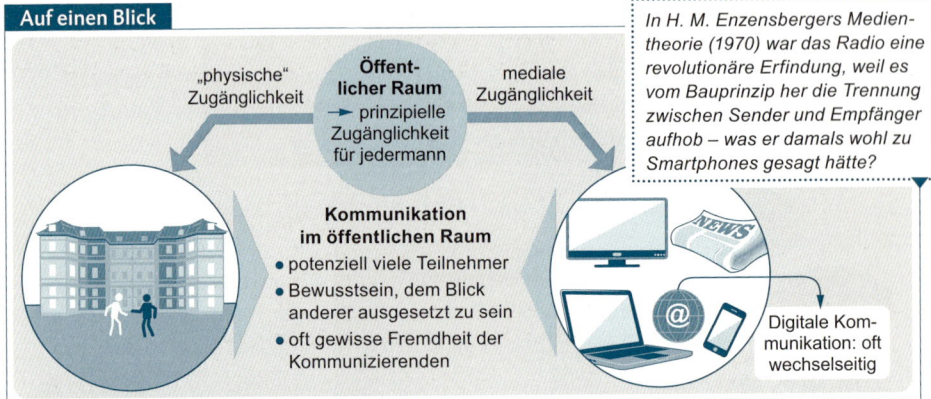

„physische" Zugänglichkeit

Öffent-licher Raum
→ prinzipielle Zugänglichkeit für jedermann

mediale Zugänglichkeit

In H. M. Enzensbergers Medientheorie (1970) war das Radio eine revolutionäre Erfindung, weil es vom Bauprinzip her die Trennung zwischen Sender und Empfänger aufhob – was er damals wohl zu Smartphones gesagt hätte?

Kommunikation im öffentlichen Raum
- potenziell viele Teilnehmer
- Bewusstsein, dem Blick anderer ausgesetzt zu sein
- oft gewisse Fremdheit der Kommunizierenden

Digitale Kommunikation: oft wechselseitig

Der öffentliche Raum – was ist das?

- grundlegendes Merkmal des öffentlichen Raums: **prinzipielle Zugänglichkeit** für jeden Menschen
- **enges Begriffsverständnis:** öffentlicher Raum als Raum, der von der Stadtplanung gestaltet werden kann – oft verbunden mit einer bestimmten Architektur: z. B. öffentliche Plätze, Straßen, Parks etc.
- **weites Begriffsverständnis:** öffentlicher Raum als **nicht-privater Raum**
- Teile des öffentlichen Raumes oft mit **bestimmten Funktionen/Bedeutungen** verbunden: Parks als Erholungsraum, Bahnhöfe als Verkehrsraum, Marktplätze als Geschäfts- und Konsumraum, Plätze als Kommunikationsraum etc.
- Wandel des öffentlichen Raumes unter anderem durch:
  – bewusste städtebauliche Maßnahmen (z. B. Bau einer Uferpromenade)
  – veränderte Nutzung öffentlicher Räume (z. B. Nutzung des Marktplatzes für Außengastronomie anstelle der Nutzung für einen Bauernmarkt)
  – Digitalisierung und Virtualisierung (z. B. Bekanntmachungen der Gemeinde auf der Homepage anstatt über einen Aushang, Debatten in Social-Media-Kanälen statt einer Debatte im Rathaus)

Kommunikation im öffentlichen Raum – Merkmale

- Anzahl der Kommunizierenden: potenziell **große Zahl** – jeder könnte zum Kommunikationsteilnehmer werden (vs. privater Raum: Begrenzung auf bestimmten Kreis, z. B.: Freundeskreis)
- Rolle der Kommunizierenden: oft Kommunikation in **öffentlicher Rolle**, z. B. als Vertreter eines Amtes, als Sprecherin für eine Organisation (vs. privater Raum: Kommunikation als Privatperson)
- Bedeutung der Außenwahrnehmung: Bewusstsein der Kommunizierenden dafür, dem **Blick und der Bewertung durch (potenziell) alle anderen ausgesetzt zu sein** → ggf. Auswirkungen auf Art der Kommunikation (vs. privater Raum: eher weniger Beobachtung durch viele)
- Zugänglichkeit: hohes Maß an Zugänglichkeit, oft auch über **mediale Kanäle**, z. B. Fernsehen, Internet, Zeitung etc. (vs. privater Raum: sehr eingeschränkte, kaum mediale Zugänglichkeit)
- Beziehung der Kommunizierenden: eher **Fremdheit** (vs. privater Raum: Nähe, Vertrautheit)
- Kommunikationsregeln: tendenziell größere Bedeutung von **Regeln** in öffentlicher Kommunikation (vs. privater Raum: informelles Kommunizieren, individuellerer Umgang miteinander)

- Bedeutung der Medien: Im erweiterten Sinne gehört auch die **digitale Kommunikation** (Internet, soziale Netzwerke etc.) zur Kommunikation im öffentlichen Raum, sofern das Kriterium der **prinzipiellen Zugänglichkeit** für jeden Menschen erfüllt ist (z. B. Kommunikation über **Twitter oder YouTube**, aber nicht über WhatsApp) → oft Wechselseitigkeit (Bidirektionalität).

Aspekte von Kommunikation im öffentlichen Raum

- **Sender:** Kommunikation als private Person (z. B. Kommentar unter Online-Artikel), als Rollenträger (z. B. Journalist*in: Zeitungsartikel) oder in öffentlicher Funktion (z. B. Politiker*in) etc.?
- **Adressat/Empfänger:** Kommunikation gerichtet an private Person (z. B. ein Umzugsformular), an eine Gruppe (z. B. Rede bei Demonstration) oder an die Öffentlichkeit insgesamt (z. B. Weihnachtsansprache des Bundespräsidenten) etc.?
- **Kommunikationsziel:** u. a. Verbot, Appell, Information, Überzeugen, Warnung, Ankündigung, Dank, Beeinflussung
- **mediale Aspekte:**
  - mündliche (z. B. Rede), schriftliche (z. B. Bekanntmachung), bildliche (z. B. Symbol auf einem Verbotsschild) oder audiovisuelle Kommunikation (z. B. YouTube-Video) etc.?
  - Medium: Druck (z. B. Amtsblatt, Zeitung), Fernsehen (z. B. Nachrichtensendung), Internet (z. B. Twitter, Homepages), Schilder (z. B. Einbahnstraßenschild) etc.?
  - einseitige (uni-/monodirektionale) Kommunikation (z. B. Bekanntmachung am Rathaus) oder wechselseitige (bidirektionale) Kommunikation (z. B. Debatte mit der Bürgermeisterin)

Problem der Abgrenzbarkeit von öffentlicher und privater Kommunikation

- Phänomen der **Vermischung von privatem und öffentlichem Raum:**
  - Beispiel „Biergarten": prinzipielle Zugänglichkeit für jeden, aber Hausrecht des Betreibers
  - Beispiel „Telefonat auf Marktplatz": eigentlich privat, aber prinzipielle Zugänglichkeit für andere
- Phänomen der bewussten **Diffusion des Privaten in die öffentliche Kommunikation:** z. B. Ausbreiten persönlicher Angelegenheiten auf Instagramm durch Privatpersonen

Macht und Dominanz (LK)

- **Macht** als **Möglichkeit/Potenzial**, in einer sozialen Beziehung den **eigenen Willen** gegenüber anderen **durchzusetzen** (vgl. Max Weber):
  - verschiedene **Grundlagen für Machtverhältnisse:** (institutionell begründete) **Hierarchie** (z. B. Staatsmacht); **Status** auf der Grundlage der Wertschätzung/Anerkennung des anderen (z. B. Status einer bestimmten gesellschaftlichen Gruppe); **Autorität** (organisatorisch: z. B. Abteilungschef; individuell: z. B. berühmter Wissenschaftler)
  - Macht nicht nur negativ → **produktive Seite von Macht** → Macht kann **entlasten** (z. B. wenn jemand anderes für eine Entscheidung zuständig ist), **motivieren** (z. B. wenn man sich Anerkennung vom Mächtigeren ersehnt) und insgesamt zur **Handlungsfähigkeit** eines Systems **beitragen** (z. B. wenn so Entscheidungen schneller getroffen werden können)
- **Dominanz** als **Streben nach Einfluss, Kontrolle, Überlegenheit** etc.: Im Unterschied zu Macht, die eher ein strukturelles Merkmal sozialer Beziehungen ist, bezeichnet Dominanz mehr ein **konkretes, individuelles** und **an die Situation gebundenes Verhalten.**
- grundlegende Frage, wie sich Macht und Dominanz in verschiedenen Feldern der Kommunikation im öffentlichen Raum bemerkbar machen

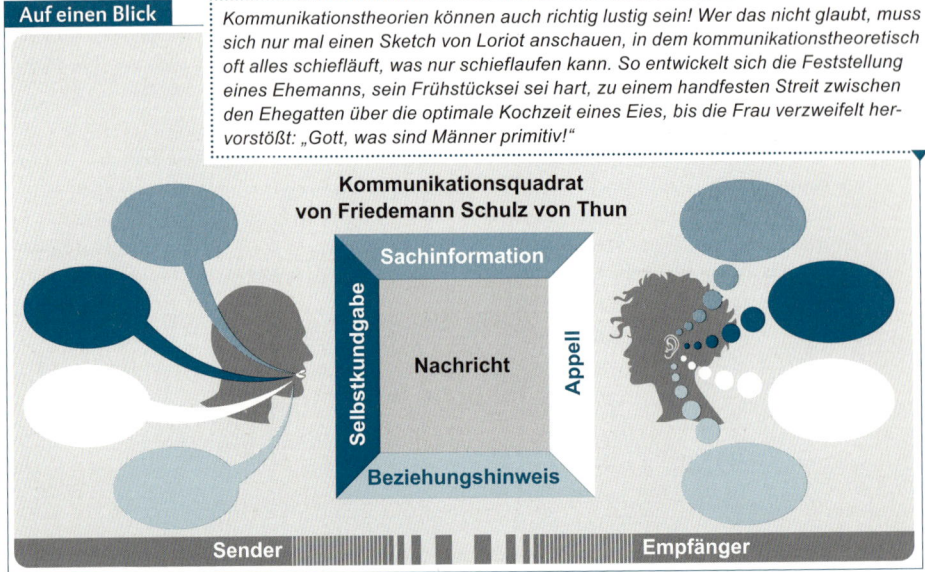

Auf einen Blick

Kommunikationstheorien können auch richtig lustig sein! Wer das nicht glaubt, muss sich nur mal einen Sketch von Loriot anschauen, in dem kommunikationstheoretisch oft alles schiefläuft, was nur schieflaufen kann. So entwickelt sich die Feststellung eines Ehemanns, sein Frühstücksei sei hart, zu einem handfesten Streit zwischen den Ehegatten über die optimale Kochzeit eines Eies, bis die Frau verzweifelt hervorstößt: „Gott, was sind Männer primitiv!"

Kommunikationsquadrat von Friedemann Schulz von Thun

Sachinformation

Selbstkundgabe

Nachricht

Appell

Beziehungshinweis

Sender | Empfänger

Organon-Modell von Karl Bühler (1934)

- **Sprache als Werkzeug** (= organum) zur Erfassung und Beschreibung von Realität, das von Menschen zur **Kommunikation** genutzt wird
- **drei Elemente** von Kommunikation: **Sender** kommuniziert mit **Empfänger** (mithilfe eines Sprachzeichens) über **Sachverhalt** → **Sprachzeichen** hat drei Dimensionen:
  - **Darstellungsfunktion:** Sprachzeichen als Symbol für Gegenstand oder Sachverhalt
  - **Ausdrucksfunktion:** Ausdruck von Verfassung des Senders
  - **Appellfunktion:** Appell an Empfänger
- **Uneindeutigkeit sprachlicher Zeichen** und Abhängigkeit von Gefühlen, Bewertungen o. Ä.
- je nach **Absicht des Sprechers** und Gewichtung ist eine Funktion besonders hervorgehoben

Fünf Axiome von Paul Watzlawick (1967)

Axiom = Grundsatz, der keines Beweises bedarf

Axiom 1: Man kann nicht nicht kommunizieren.
- Kommunikation ist mehr als Austausch sprachlicher Zeichen → in Gesellschaft **keine Möglichkeit, sich Kommunikation zu entziehen**, z. B. auch Schweigen als Form von Kommunikation
- **Beispiel:** Frau in Wartezimmer starrt schweigend auf den Boden = **nonverbale Mitteilung**, dass sie keinen Kontakt möchte

Axiom 2: Jede Kommunikation hat einen Inhalts- und einen Beziehungsaspekt.
- **Inhaltsaspekt:** Übermittlung von Informationen
- **Beziehungsaspekt:** Verdeutlichung der Beziehung der Gesprächspartner

→ es gibt keine rein informative Kommunikation, sondern **Beziehung beeinflusst Wahrnehmung des Inhalts**
- **Beispiel:** Abwertung von Argumenten in einer Diskussion, weil man Diskussionspartner nicht mag = **gestörte Kommunikation**

Axiom 3: Kommunikation ist immer Bewertung von Ursache und Wirkung.
- unterschiedliche **Wahrnehmung der Wirklichkeit** durch je eigene Erfahrungen
- unterschiedliche **Wahrnehmung von Ursache und Wirkung** in einer Kommunikation
- **Beispiel:** Beschwerde von Partner A, Partner B würde sich ständig zurückziehen → Hinweis von B, er würde sich nur zurückziehen, weil A ständig an ihm herumnörgle = **Teufelskreis**, bei dem jeder Gesprächspartner von anderem **Ursache-Wirkungs-Zusammenhang** ausgeht

Axiom 4: Menschliche Kommunikation bedient sich analoger und digitaler Modalitäten.
- **analoge Modalitäten:** nonverbale Äußerungen wie Mimik, Gestik, Körpersprache, Tonfall → häufig Vermittlung der **Beziehungsebene**
- **digitale Modalitäten:** verbale Kommunikation → häufig Vermittlung der **Inhaltsebene**
→ **Verständnisprobleme**, wenn Modalitäten einander widersprechen, z. B. wenn lachend eine Drohung ausgesprochen wird
→ **Mehrdeutigkeit** von analoger Kommunikation, z. B. Eltern, die ihrem Kind Küsschen geben (Bedeutung 1: Wir mögen dich sehr gerne.; Bedeutung 2: Lass uns bitte jetzt in Ruhe.)

Axiom 5: Kommunikation ist symmetrisch oder komplementär.
- **symmetrische Kommunikation:** Gleichberechtigung der Gesprächspartner = Kommunikation auf Augenhöhe
- **komplementäre Kommunikation:** Über- bzw. Unterlegenheit der Gesprächspartner, die sich in ihrem Verhalten ergänzen

Kommunikationsquadrat von Friedemann Schulz von Thun (1970er)

- **Annahme:** jede Äußerung enthält vier Botschaften gleichzeitig → Modell von **vier Seiten einer Nachricht** (Kommunikationsquadrat; siehe Schaubild):
  - **Sachinformation:** worüber Sprecher informiert
  - **Selbstkundgabe:** was Sprecher von sich zu erkennen gibt
  - **Beziehungshinweis:** was Sprecher vom Empfänger hält bzw. wie er zu ihm steht
  - **Appell:** was Sprecher beim Empfänger erreichen möchte
→ **Sender sendet vier Botschaften** („vier Münder"), **Empfänger empfängt vier Botschaften** („vier Ohren") → Abhängigkeit gelingender Kommunikation von **Zusammenspiel** der einzelnen gesendeten und empfangenen Botschaften
- **Beispiel für gestörte Kommunikation:** Unterhaltung von zwei Schülern über die gerade geschriebene Klausur → Sender: „Das war echt leicht, oder?"
  - **Sachinformation (Sender):** Die Klausur war leicht. ↔ **Interpretation** der Sachinformation **(Empfänger):** Die Klausur war leicht.
  - **Selbstkundgabe (Sender):** Die Klausur ist bei mir echt gut gelaufen. ↔ **Interpretation** der Selbstkundgabe **(Empfänger):** Die Klausur ist bei mir echt gut gelaufen, weil ich so schlau bin.
  - **Beziehungshinweis (Sender):** Dir ging es bestimmt genauso, oder? ↔ **Interpretation** des Beziehungshinweises **(Empfänger):** Ich halte mich für schlauer als dich.
  - **Appell (Sender):** Erzähl mir, wie es bei dir gelaufen ist. ↔ **Interpretation** des Appells **(Empfänger):** Erzähl mir, dass es bei dir nicht gut gelaufen ist.

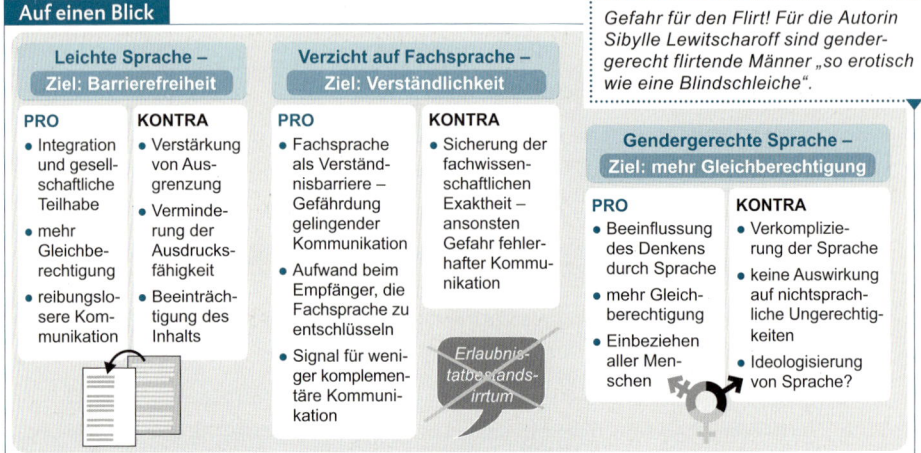

Auf einen Blick

Leichte Sprache – Ziel: Barrierefreiheit

PRO
- Integration und gesellschaftliche Teilhabe
- mehr Gleichberechtigung
- reibungslosere Kommunikation

KONTRA
- Verstärkung von Ausgrenzung
- Verminderung der Ausdrucksfähigkeit
- Beeinträchtigung des Inhalts

Verzicht auf Fachsprache – Ziel: Verständlichkeit

PRO
- Fachsprache als Verständnisbarriere – Gefährdung gelingender Kommunikation
- Aufwand beim Empfänger, die Fachsprache zu entschlüsseln
- Signal für weniger komplementäre Kommunikation

KONTRA
- Sicherung der fachwissenschaftlichen Exaktheit – ansonsten Gefahr fehlerhafter Kommunikation

Erlaubnistatbestandsirrtum

Gefahr für den Flirt! Für die Autorin Sibylle Lewitscharoff sind gendergerecht flirtende Männer „so erotisch wie eine Blindschleiche".

Gendergerechte Sprache – Ziel: mehr Gleichberechtigung

PRO
- Beeinflussung des Denkens durch Sprache
- mehr Gleichberechtigung
- Einbeziehen aller Menschen

KONTRA
- Verkomplizierung der Sprache
- keine Auswirkung auf nichtsprachliche Ungerechtigkeiten
- Ideologisierung von Sprache?

Sprachgebrauch in der behördlichen Kommunikation

Leichte Sprache

- Diskussion, ob **behördliche Kommunikation** (Internetseiten, Wahlbenachrichtigungen, Formulare etc.) verbindlich auch in „Leichter Sprache" angeboten werden soll
- **„Leichte Sprache"** = Sprache mit bestimmten **Regeln**, die dem Prinzip der **besonders leichten Verständlichkeit** verpflichtet sind (kurze Sätze, keine Passivsätze, nur 1 Aussage pro Satz, kein Konjunktiv, einfache Satzstruktur mit den Satzgliedern Subjekt, Prädikat, Objekt etc.)
- Ziel: Ansprache von Menschen, die die **Sprache schlechter beherrschen → Barrierefreiheit**
- kommunikationstheoretisch: Versuch des Senders, über **Ausrichtung der Botschaft auf den Empfänger** eine gelingende Kommunikation zu ermöglichen
- **Pro-Argumente:**
  - **gesellschaftliche Teilhabe und Integration** von Menschen mit Sprachschwierigkeiten → mehr Selbstbestimmung (z. B. bei Informationssuche)
  - **Verringerung** sozialer Ungleichheit
  - **weniger Aufwand** und **reibungsloserer Ablauf** bei bestimmten Vorgängen, z. B. wenn behördliche Mitteilungen oder Formulare dadurch weniger der Erklärung bedürfen
  - kein Nachteil für Menschen, die die Sprache gut beherrschen
- **Kontra-Argumente:**
  - Behinderung der kognitiven und sprachlichen Entwicklungsmöglichkeiten durch Fokus auf die Leichte Sprache → ungewollte **Verstärkung von Ausgrenzung**
  - **Verminderung** von sprachlicher **Ausdrucks- und Differenzierungsfähigkeit**
  - durch sprachliche Vereinfachung immer auch **Beeinträchtigung des Inhalts**

Fachsprachen in behördlicher Kommunikation

- Diskussion, inwieweit **behördliche Kommunikation** (Internetseiten, Verfügungen, Formulare etc.) auf die jeweilige **Fachsprache** (bzw. auf die Verwaltungssprache) **verzichten** sollte
- **Fachsprache** = Sprachvarietät, die im Kontext eines bestimmten Fachgebiets gesprochen wird
  - Beispiel „Juristendeutsch": Fachsprache, die im rechtlichen Kontext verwendet wird

- **Kontra-Argument:** Sicherung der fachwissenschaftlichen **Exaktheit** von Aussagen durch jeweilige Fachsprache → ansonsten Gefahr fehlerhafter Kommunikation in Bereichen, die Präzision erfordern – Beispiel: Wenn rechtliche Vorgaben nicht-fachsprachlich kommuniziert werden, könnte das zu Ungenauigkeiten führen, die **Probleme in der Rechtsprechung** mit sich bringen.
- **Pro-Argumente:**
  - Fachsprache als **Verständnisbarriere** für den Empfänger → **Gefährdung gelingender Kommunikation** – Beispiel: Wenn rechtliche Vorgaben nur fachsprachlich kommuniziert werden, werden sie möglicherweise nicht verstanden und deshalb auch nicht befolgt.
  - **Aufwand** für jeden Einzelnen, die fachsprachliche Kommunikation zu „übersetzen"
  - Verwendung von Alltagssprache auch als **positiver Beziehungshinweis** (im Sinne Thuns) bzw. als Signal für eine **weniger komplementäre Kommunikation** (im Sinne Watzlawicks)
- **möglicher Kompromiss:** fachsprachliche Kommunikation (Ziel: Exaktheit) kombiniert mit nicht-fachsprachlicher Kommunikation (Ziel: Verständlichkeit)

Aspekte von Macht und Dominanz solcher Sprachregulierungen (LK)
- Behörde als Institution mit Entscheidungsmacht darüber, wie nach außen kommuniziert wird
- Sprachregulierungen als Versuch, die **dominant-komplementäre** in eine **inklusiv-symmetrische Sender-Empfänger-Beziehung** (= Behörden-Bürger-Beziehung) zu verändern?
- Vorgaben für einen bestimmten Sprachgebrauch als interne Form der Machtausübung?
- Gefahr, dass das Machtgefüge destabilisiert wird, falls Kommunikation nicht gelingt („Die da oben sprechen nicht unsere Sprache!")?

Geschlechtergerechte Sprache

- Hintergrund: Diskussionen, ob es in der öffentlichen Kommunikation (z. B. Behörden, Tagesschau, Zeitung) Vorgaben für eine **geschlechtergerechtere Sprache** geben sollte
- **Ziel: Gleichberechtigung** in der Sprache durch **Sichtbarmachung** (Paarform: *Lehrerinnen und Lehrer*; Schrägstrich: *Sportler/-innen*; Binnen-I: *ArbeiterInnen*; Sternchen/Unterstrich: *Schüler*innen, Schüler_innen* → auch Nichtbinäre berücksichtigt) oder **Neutralisierung** (substantivierte Partizipien: *Studierende*; geschlechtsindifferente Ausdrücke: *Lehrkräfte*)
- **Pro-Argumente:**
  - **Beeinflussung des Denkens** und damit der Wirklichkeit durch die Sprache → alleinige Nennung der männlichen Form („generisches Maskulinum") erzeuge falsches Bild in den Köpfen
  - **Förderung** der im Grundgesetz verankerten **Gleichberechtigung** → explizite Ansprache aller gemeinten Personen, anstatt Frauen (und auch nichtbinäre Menschen) nur „mitzumeinen"
- **Kontra-Argumente:**
  - **Verkomplizierung** der Sprache und **Störung des Leseflusses**
  - teilweise **Widerspruch zu amtlichen Rechtschreibregeln**
  - keine Aufhebung der Benachteiligung allein durch sprachliche Gleichberechtigung, eventuell sogar **Verschleierung** weiterhin bestehender **Ungerechtigkeiten**
  - kontraproduktive Wirkung von Formulierungsvorgaben, die **Unwillen** erzeugen → Vorwurf der **Ideologisierung** von Sprache
- **Aspekte von Macht und Dominanz (LK):**
  - generisches Maskulinum als Zeugnis patriarchalischer Vergangenheit (und Gegenwart)?
  - Gebrauch des generischen Maskulinums als ausgrenzendes Dominanzverhalten?
  - Pflicht zu geschlechtergerechter Sprache als Sprachzensur und so als Ausdruck von Macht?
  - Pflicht zu geschlechtergerechter Sprache als Schritt zur Brechung männlicher Dominanz?

Auf einen Blick

Die „fünfte Gewalt" (nach Pörksen)

- digitale Öffentlichkeit (v. a. Soziale Netzwerke) als „fünfte Gewalt" im Staat
- „Konnektiv" statt „Kollektiv": Vernetzung
- radikaler Pluralismus – Potenzial zum Guten wie zum Schlechten
- ggf. Problem: „Erregungsgesellschaft"

Hatespeech

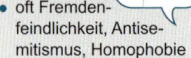

- oft Fremdenfeindlichkeit, Antisemitismus, Homophobie
- Muster: Falschaussagen, Stereotype, Wir/Die-Rhetorik etc.
- mögliche Gegenmaßnahmen: Pflicht zur Löschung von Hatespeech; Verpflichtung zu Klarnamen; Strafverfolgung

Hatespeech kann teuer werden: 2021 musste ein 25-Jähriger ein Strafe von 5400 € zahlen, weil er im Internet den Hanauer Bürgermeister beleidigt und bedroht hatte.

Kommunikation bei Twitter

- Gefahren: Unterkomplexität, misslingende Kommunikation, Skandalisierungspotenzial
- schnelle Meinungsbildungsprozesse
- Sprache: Kürze, Tendenz zu konzeptioneller Mündlichkeit, Emojis und Emoticons

Internet als Informationsquelle?

- Informationsflut, oft ohne professionelle Filterung
- Filterblasen durch Algorithmen
- Fake News: schnelle Verbreitung im Internet, meist mit Ziel der Manipulation → Notwendigkeit eines kritischen Umgangs mit Internetmeldungen

Die „fünfte Gewalt" – die Macht der Vielen

- These der „**fünften Gewalt**" (nach Bernhard Pörksen) → neben die drei Staatsgewalten (Legislative, Exekutive, Judikate) und die vierte Gewalt (Massenmedien) sei als fünfte Gewalt die digitale Öffentlichkeit v. a. in sozialen Netzwerken getreten – getragen von der Masse von Einzelnutzern
- Vernetzung als zentrales Prinzip: „**Konnektiv**" (von engl. *connect*: „verbinden") statt Kollektiv
- spontane Selbstorganisation statt gelenkter Fremdorganisation
- radikaler **Pluralismus:** Vielgestaltigkeit, keine einheitliche Ideologie, **Potenzial zum Guten** (z. B. Aufdeckung von Missständen) und **zum Schlechten** (z. B. Mobbing, „Shitstorms")
- mögliches Problem: Entwicklung hin zu einer „**Erregungsgesellschaft**" (Pörksen), in der oft vor allem „laute" und polarisierende Äußerungen den Diskurs bestimmen

Kommunikation bei Twitter

- **Twitter** = Mikroblogging-Plattform, auf der Nutzer Kurznachrichten (= „Tweets") und Kommentare veröffentlichen und (weiter)verbreiten
- Beschränkung auf geringe Anzahl von 280 Zeichen pro Kurznachricht:
  - Reduzierung auf wesentliche, z. T. einfache Aussagen → ggf. Gefahr von **Unterkomplexität**
  - häufig telegrammartiger Stil → dadurch ggf. Gefahr von **misslingender Kommunikation**
  - Notwendigkeit, schnell auf den Punkt zu kommen
- „Gefällt mir"-Markierungen: unmittelbare Signalisierung von Zustimmung über einen Button → Förderung von Bewertungen **ohne weitere Differenzierungen**
- große Geschwindigkeit der Verbreitung – digitale Kommunikation quasi in Echtzeit:
  - Möglichkeit **schneller Meinungsbildungsprozesse**
  - zugleich aber Gefahr von Vereinfachungen, überhasteten Kommentaren, ungerechtfertigten „Shitstorms" etc. → großes **Skandalisierungspotenzial**
  - Kurznachrichten können durch Weiterverbreitung ungewollte **Reichweite** entfalten
- Merkmale der Sprache auf Twitter (wie z. T. auch bei anderen Digitaldiensten, z. B. WhatsApp):
  - Tendenz zu **konzeptioneller Mündlichkeit**, d. h. zur Verwendung von mündlichen Sprachmustern im schriftlichen Medium: Umgangssprache, Verkürzungen (z. B. *Hab nen Eis gegessen*), Akronyme (z. B. *lol*), Inflektive aus Comicsprache (z. B. *seufz*), Großschreibung zur Betonung etc.

– Verwendung von **Emojis** (und Emoticons) als bildliche Elemente (z. B. Smileys) in der Schrift-kommunikation → insbesondere zur schnellen Mitteilung von **Gefühlen** oder **Bewertungen**

Hatespeech

- Hatespeech = **Hassrede:** Äußerungen, die Menschen im Internet abwerten oder angreifen und zu Hass und Gewalt gegen bestimmte Personen(gruppen) aufrufen
- **verschiedene Hintergründe** (z. B. Fremdenfeindlichkeit, Antisemitismus, Homophobie)
- **Muster von Hatespeech:** bewusste Verbreitung von falschen Aussagen, Stereotypen und Vor-urteilen, Tarnung als Humor/Ironie, Wir/Die-Rhetorik, Verschwörungstheorien
- Hatespeech oft **nicht** vom Recht auf **Meinungsfreiheit gedeckt** (z. B. bei Volksverhetzung)
- Hass-Äußerungen **kein reines Netzphänomen**, aber **Enthemmungseffekt** des Internets, da sich Hass schnell, einfach und anonym verbreiten kann und da ein direktes Gegenüber fehlt
- Hatespeech als Nährboden für **reale Übergriffe**
- diskutierte Gegenmaßnahmen: **Verpflichtung** für Portale/soziale Netzwerke, Hatespeech zu **löschen**; Verpflichtung zu **Klarnamen** im Internet (vs. Anonymität); konsequente **Strafverfol-gung**, höhere Strafen; **Sensibilisierung** für Funktionsweise und Folgen von Hatespeech

Internet als Informationsquelle?

- Internet als riesiges **Informationsreservoir** mit sehr hoher Verfügbarkeit
- **Übermenge** an Informationen und Meldungen im Internet – dabei oft **keine Filterung, Ge-wichtung, Einordnung**, z. B. durch professionelle Journalistinnen und Journalisten
- Problem der **Filterblasen** durch **Algorithmen:** Ableitung von Leseinteressen aus dem Lese-/ Klickverhalten → Grundlage für Vorschläge weiterer Beiträge mit gleicher Tendenz → Verstär-kung der eigenen Haltung, weil Gegenmeinungen/-argumente kaum mehr ins Blickfeld rücken
- **Fake News** (= „gefälschte Nachrichten"): **Falschnachrichten**, die in der Regel mit **Täu-schungsabsicht** in Umlauf gebracht werden (weitere Begriffe: Hoax, Desinformation):
  – auch im klassischen Journalismus möglich, aber durch die schnelle Verbreitbarkeit vor allem in den Sozialen Medien insbesondere ein Problem der Digitalisierung
  – meist Ziel der Manipulation, insb. zu brisanten Themen (z. B. Flüchtlingskrise, Coronapolitik)
  – Notwendigkeit eines **kritischen Umgangs** mit Meldungen im Internet: z. B. Quellenprüfung; aufmerksamer Blick für die **Machart** (u. a.: Belege und deren Qualität); **Abgleich** mit anderen Meldungen zum gleichen Thema; Nutzung von Faktenchecks (z. B. *Correctiv, Mimikama*)

Aspekte von Macht und Dominanz (LK)

- **Demokratisierung** der öffentlichen Kommunikation durch „fünfte Gewalt", indem die Sender-Empfänger-Hierarchie aufgelöst wird? „Fünfte Gewalt" als Gegengewicht zu Massenmedien?
- **Einflussnahme** durch Einzelne, Organisationen, politische Systeme: Nutzung der „fünften Ge-walt" zur Meinungssteuerung (u. a. über Troll-Fabriken oder Social Bots)? → z. B. Twitter als In-strument, mit dem Diskurse gelenkt/dominiert werden (ggf. auch zum Aufbau/Erhalt von Macht)
- **Macht der Internetkonzerne:** Einfluss auf Diskurse, da die Algorithmen bestimmen, was Nut-zern angezeigt wird; Sperrung von Nutzern (wie z. B. D. Trump 2021), ggf. auch um manipulative Nutzung zu verhindern; Löschung von Inhalten, die gegen Richtlinien oder Gesetze verstoßen
- **Hatespeech** als **dominantes Verhalten:** Abwertung anderer, insb. zur Aufwertung der eige-nen (Gruppen-)Identität, Einschüchterung, Störung oder Radikalisierung öffentlicher Diskurse
- Internet als Schauplatz intensiver **Kämpfe um Deutungshoheit** (bis hin zu Informationskriegen)

Auf einen Blick

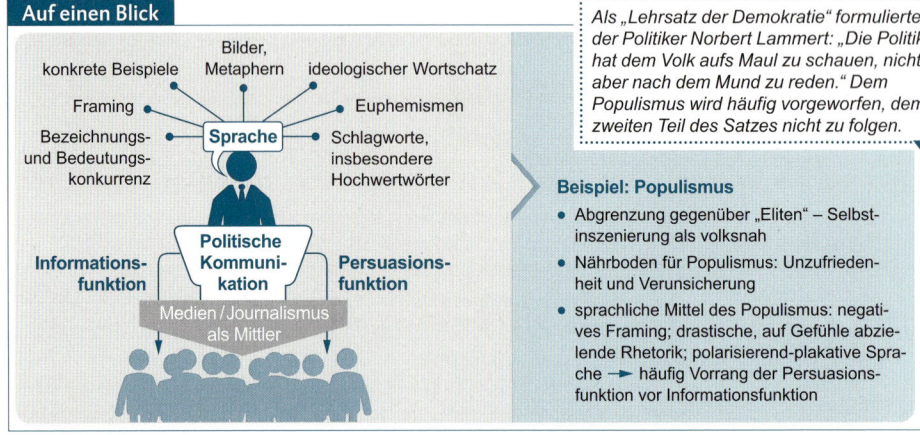

Als „Lehrsatz der Demokratie" formulierte der Politiker Norbert Lammert: „Die Politik hat dem Volk aufs Maul zu schauen, nicht aber nach dem Mund zu reden." Dem Populismus wird häufig vorgeworfen, dem zweiten Teil des Satzes nicht zu folgen.

Beispiel: Populismus

- Abgrenzung gegenüber „Eliten" – Selbstinszenierung als volksnah
- Nährboden für Populismus: Unzufriedenheit und Verunsicherung
- sprachliche Mittel des Populismus: negatives Framing; drastische, auf Gefühle abzielende Rhetorik; polarisierend-plakative Sprache → häufig Vorrang der Persuasionsfunktion vor Informationsfunktion

Grundlagen: Politische Kommunikation zwischen Verständigung und Strategie

- Kommunikation und Sprache im öffentlichen Raum als **essenzielle Bestandteile von Politik**
- Sprache mit Doppelfunktion: als Mittel, mit dem über politische Positionen, Vorhaben, Maßnahmen etc. **informiert** wird (Informationsfunktion), und als Mittel, mit dem **Zustimmung** erstrebt wird (Persuasionsfunktion, von lat. *persuadere*: überreden)
  → z. B.: „Die von uns geplante Erhöhung des Kindergeldes führt zu mehr sozialer Gerechtigkeit."
  – Information: Vorhaben zur Erhöhung des Kindergelds; Persuasion: Werben um Zustimmung, u. a. mithilfe des Schlagworts „soziale Gerechtigkeit"
- oft **zwei oder mehr Adressaten(kreise)** politischer Aussagen (z. B. Talkshow: andere Gäste und Bevölkerung als Adressaten): Simulation sachlich-informativen Austauschs, aber eigentlich Ziel der Persuasion → Inszenierungspotenzial
- politische Akteure meist rhetorisch geschult (auch in der Gestik) → Ausrichtung auf Wirkung
- Medien/Journalismus: Mittlerposition zwischen Politik und Bevölkerung und kritische Kraft

Sprachliche Merkmale politischer Kommunikation

- semantische Kämpfe: **Bezeichnungskonkurrenz** (Welcher Begriff bezeichnet einen bestimmten Sachverhalt [z. B. „Krieg" vs. „Intervention"]?) und **Bedeutungskonkurrenz** (Welche Bedeutung hat ein bestimmter Begriff [z. B. „Freiheit" im liberalen vs. sozialdemokratischen Sinn]?)
- **ideologischer Wortschatz:** Wortschatz, der der ideologischen Ausrichtung der Sprecher*innen entspricht
- Rolle von **Schlagworten:** u. a. Hochwertwörter, mit denen bestimmte positive Emotionen verbunden werden (z. B. „Freiheit"), vs. Wörter (z. T. als Stigmawörter bezeichnet), mit denen bestimmte negative Emotionen verbunden werden (z. B. „Terror")
- **einprägsame Bilder/Metaphern:** oft zur **Veranschaulichung** politischer Zusammenhänge oder Maßnahmen
- **Euphemismen:** meist als Beschönigung, um Zusammenhänge oder Maßnahmen **weniger drastisch** erscheinen zu lassen
- **konkrete Beispiele,** um Bürgernähe zu zeigen (z. B.: „Der Bäcker um die Ecke …")

- **Framing** (von engl. *frame*: Rahmen): Setzung eines bestimmten **Deutungsrahmens** (durch gewisse Wörter und Metaphern, aber auch durch Auswahl bestimmter Aspekte der Realität), der i. d. R. eine **bestimmte Perspektive, Haltung, Wertung** etc. vermittelt bzw. beim Empfänger hervorrufen soll (→ oft zu manipulativen Zwecken)
- Beispiele:
  - Begriff „Machthaber" statt „Präsident" → eher Vermittlung einer negativen Sicht auf die Person
  - Formulierung „Klimawandel" statt „Klimakrise" → eher Konnotation, dass die klimatischen Veränderungen aus sich selbst heraus geschehen und nicht so schlimm sind
  - Nennung der Nationalität bei Darstellung von Verbrechen, die von Ausländern begangen worden sind → Deutungsrahmen, dass die Herkunft eine Rolle spiele
- häufiger Vorwurf an politische Akteure: fehlende Eindeutigkeit, Phrasenhaftigkeit („Wir wollen das Land voranbringen."), ausweichende Antworten („Darüber werden wir sprechen müssen …")

Populistische Kommunikation und Sprache

- **Populismus** (von lat. *populus*: Volk): Politik, die sich durch die **Abgrenzung** von „Eliten" volksnah gibt, sich auf den „Willen des Volkes" beruft und mit vereinfachenden, oft dramatisierenden Aussagen **Stimmungen** in der Bevölkerung erzeugen will, um diese für sich auszunutzen
- Populismus ist nicht einem bestimmten Teil des politischen Spektrums zuzuordnen, findet sich aber eher an den Rändern – in den letzten Jahren Erstarken des Rechtspopulismus
- häufiger Nährboden für Populismus: **Unzufriedenheit** in (Teilen der) Bevölkerung mit dem politischen Angebot und der politischen Führung; Gefühl, „von denen da oben" **nicht gehört** zu werden; **Verunsicherung** durch schnelle/gravierende Veränderungen in der Gesellschaft; **Skandale** im politischen Establishment
- häufige **Mittel** des Populismus:
  - Anbieten scheinbar **einfacher Lösungen** für komplexe Probleme; Schwarz-Weiß-Denken
  - Konzentration auf „Führungspersonen" und Erzeugung eines Wir-Gefühls
  - Fokus auf ein tragendes Thema, das sich für „Stimmungsmache" eignet (z. B. Flüchtlinge)
  - Nutzung der immer gleichen Frames (z. B. „Das liegt an der Zuwanderung.") und insbesondere **negativer Frames** („Die Massenmedien manipulieren uns.")
  - **drastische Rhetorik**, die v. a. auf **Gefühle** abzielt (oft Schüren von Angst)
  - **plakative, polarisierende Sprache**: einprägsame, schnell zu verstehende Formulierungen
  - direkte Ansprache, um Publikumsnähe herzustellen
  - häufig Vorrang der Persuasionsfunktion gegenüber der Informationsfunktion
- soziale Medien als Stütze des Populismus: direkte Kommunikation mit „dem Volk"

Aspekte von Macht und Dominanz (LK)

- Politik per se als gesellschaftliches Feld, in dem um **politische Macht** (z. B. Regierungsmacht, aber auch Macht innerhalb einer Partei) gerungen wird → Sprache als Mittel, Macht zu erlangen
- **Kämpfe um Deutungshoheit** (u. a. mithilfe von Framing) als Versuch, Diskurse zu dominieren (z. B. Zuwanderung als Problem oder als Chance?) – oft konkret in Polit-Talks zu beobachten
- Rolle des **Journalismus:** Frage, inwiefern Medien durch ihre Themensetzungen und ihre Art der Berichterstattung **Einfluss** auf die politisch-gesellschaftlichen Prozesse haben
- Populismus: **Selbstinszenierung** als Gegenkraft zum Status quo der politischen Macht → **Dominanzgebaren** u. a. in Form scharfer Aussagen mit Alleinerklärungsanspruch oder auch in Form direkter Angriffe auf den politischen Gegner

Auf einen Blick

Mehrsprachigkeit offizieller Schilder?
- Pro: auf Adressat ausgerichtete Kommunikation, keine Diskriminierung
- Kontra: Überfrachtung, falsches Signal an Sprecher der anderen Sprache, Diskriminierung weiterer Sprecher

Im Jahr 2021 hat das Münchner Stadtarchiv eine Liste mit 45 Straßennamen veröffentlicht, bei denen über eine Umbenennung entschieden werden sollte. Bei weiteren 327 Straßennamen liegt nach den Expertinnen und Experten ein „Kontextualisierungsbedarf" vor, dem mit kommentierenden Schildern nachgekommen werden könne.

Umbenennung von Straßen/ Abbau von Denkmälern?
- Pro: Maßnahme gegen Diskriminierung, politisches Zeichen, Museen als passenderer Ort für problematische Denkmäler etc.
- Kontra: übertriebene Maßnahme, Kommentierung als bessere Maßnahme, künstlerischer Wert von Denkmälern etc.

Linguistic Landscapes

- **Linguistic Landscapes** (engl.: „sprachliche Landschaft", „Sprachlandschaft"): sichtbare Präsenz von Schriftsprache im öffentlichen Raum, insbesondere im Stadtraum
- verschiedene Formen der Schriftsprache im öffentlichen Raum, u. a.: **Schilder** (meist behördlich: z. B. Verbotsschilder, Straßennamen), **Plakate** (kommerziell: z. B. Werbeplakate; privat: z. B. Poster gegen Mieterhöhungen), **Schriftzüge** (kommerziell: z. B. Restaurantnamen; kulturell: z. B. Namen von Museen; privat: z. B. Graffiti), **Schmierereien**
- Aspekt „**Schrift-Bild-Kombination**": Frage, inwieweit Sprache durch **Bilder/Symbole ergänzt oder ersetzt** werden sollte:
  - Pro-Argumente: ggf. höheres Maß an Verständlichkeit (z. B. durchgestrichener Fußball → Verbot, Fußball zu spielen, auch für Kinder verständlich); unmittelbarere Kommunikation
  - Kontra-Argumente: ggf. Uneindeutigkeit bildlicher Kommunikation; je nach Kontext ggf. Reduzierung des Anspruchs, dass die **Schriftsprache beherrscht** werden solle
- Aspekt „**Öffentlicher Raum als Ausdruck politischer Auseinandersetzung**": Frage, inwieweit die „Sprachlandschaft" Politisch-Gesellschaftliches widerspiegelt – Beispiel: Überwiegen von Schrift kommerzieller Herkunft → möglicherweise Widerspiegelung der kommerzorientierten Gesellschaft

Umbenennung von Straßen und Abbau von Denkmälern

- Diskussion, ob **Straßen mit diskriminierenden Anteilen** im Namen **umbenannt** werden sollten bzw. ob **Denkmäler** für Persönlichkeiten oder Ereignisse, die aus heutiger Sicht **problematisch** sind, aus dem öffentlichen Raum **entfernt werden sollten**
- Beispiele: die geehrte Persönlichkeit war nicht nur ein bedeutender Künstler, sondern auch ein Antisemit; Ereignis, dessen mit dem Denkmal gedacht wird, brachte vielen Menschen den Tod; Begriff im Straßennamen hat kolonialistisch-rassistischen Kontext (z. B. „Mohrenstraße")
- Pro-Argumente:
  - Maßnahme **gegen Diskriminierung** – es wird vermieden, dass Menschen sich von solchen Schildern verletzt fühlen

- **politisches Zeichen** gegen Diskriminierung und für Toleranz
- einfache „Sprache" von Denkmälern (→ meist Glorifizierung von Persönlichkeiten oder Ereignissen) **passe nicht in die heutige Zeit**, in der Differenzierung gefragt ist
- Möglichkeit, Denkmäler in **Museen** zu verlegen, wo sie besser kritisch kommentiert werden können (z. B. Audio-Guides, Erklärtafeln)
• Kontra-Argumente:
- **übertriebene Maßnahme** (u. a.: diskriminierende Dimension werde in der Regel nicht mitgedacht)?
- bessere Lösungen: (kritische) **Kommentierung** des Straßennamens bzw. der Denkmäler zur Kontextualisierung (z. B. über Erklärtafeln); ggf. auch **künstlerische Umgestaltung**, die das Denkmal hinterfragt
- Denkmäler als **Zeugnisse der Geschichte** – sie geben Auskunft über das Denken und Fühlen vergangener Zeiten
- Denkmäler haben oft **künstlerischen Wert**
- ggf. Minderung der touristischen Attraktivität durch Abbau von Sehenswürdigkeiten
- Folgen von Straßenumbenennungen, auch bürokratischer Art: Adressänderungen, Überarbeitungen von Karten etc.

Mehrsprachigkeit auf offiziellen Schildern?

• Frage, ob **schriftliche** (insb. behördliche) **Kommunikation multilingual** erfolgen sollte (z. B. in türkisch geprägten Vierteln mit türkischer Übersetzung)
• Pro-Argumente:
- Ausrichten der Kommunikation auf Adressaten → eher Erreichen des **Kommunikationsziels**
- Vermittlung einer **Willkommenskultur**
- **Vermeidung von Diskriminierung** der Anderssprachigen
• Kontra-Argumente:
- **Überfrachtung** von Schildern → Gefahr schlechterer Verständlichkeit
- möglicherweise falsches Signal, dass die **deutsche Sprache** nicht **beherrscht** werden müsse
- ggf. Diskriminierung von Menschen, die eine weitere nicht-deutsche Sprache sprechen

Aspekte von Macht und Dominanz (LK)

• Frage, inwiefern die Sprachlandschaft **politisch-gesellschaftliche Auseinandersetzungen** widerspiegelt:
- **top-down-Kommunikation** (Kommunikation von oben nach unten, bspw. Behörden an die Menschen) als Zeichen von Macht des Staates vs. **bottom-up-Kommunikation** (Kommunikation von unten nach oben, bspw. Menschen an die Politik) als Ausdruck von staatskritischem Engagement (z. B. viele Plakate privater Herkunft gegen Autobahnbau)
- **Schmierereien** auf offiziellen Schildern als dominantes Verhalten und möglicherweise als Versuch, der Staatsmacht etwas entgegenzusetzen
• Straßenbenennungen und Denkmäler oft als **Widerspiegelung vergangener Machtverhältnisse** (z. B. vom Staat initiierte Aufstellung eines Ehrendenkmals für einen verstorbenen Herrscher) → Abbau/Kommentierung als Zeichen **neuer Machtverhältnisse**
• Diskussionen um Straßennamen und Denkmäler auch oft als Kampf um Deutungshoheit
• mehrsprachige Schilder: Kommunikation auf Augenhöhe → weniger Machtgefälle?

Manche Lyriker waren von gängigen Natur-motiven – z. B. vom Mond – ziemlich ge-nervt und ironisierten sie deshalb: Bei Heine wird der Mond zur „Riesenpomeranze", bei Liechtenstein zur „fette[n] Nebelspinne" und bei Heym wird er vom Gott der Stadt einfach zerdrückt.

Die Schönheit der Natur

- verschiedene Ausprägungen: Schönheit konkreter **Naturelemente** (z. B. Pflanzen, Vögel), der **kosmischen Ordnung** (z. B. Planeten, Himmel, Erde), der **Landschaft** (z. B. Berge und Wälder)
- **Lobpreis** der Natur wegen ihrer **Ursprünglichkeit** (vs. Entfremdung von Natur)
- Sonderform: Schönheit der vom Menschen **bearbeiteten Natur** als **Zivilisations-/Kulturlob** (z. B. Bewunderung für künstliche Gärten)
- besondere Ausformung: Verweis auf **Höheres** (z. B. auf Gott als Schöpfer) durch die Natur
- Natur als **Erhabenes**, das Ehrfurcht, ggf. aber auch Erschrecken auslösen kann

Die Natur als Erfahrungsraum

- Natur als Raum, der **konkrete Erfahrung** von Freiheit, Erhabenheit, Entgrenzung etc. erlaubt
- Natur als Raum der **Geborgenheit**, z. B. im Sinne eines Aufgehobenseins in göttlicher Ordnung
- Natur als Raum der **Begegnung mit sich selbst**, z. B. im Sinne der Selbstfindung

Die Natur als Gegenwelt

- Widerspiegelung des **Dualismus Natur – Kultur:** meist mit positiver Wertung der Natur als unberührte Ursprünglichkeit im Unterschied zur kulturellen Überformung und Bearbeitung
- Abgrenzung der Natur von der Welt des profanen und mängelbehafteten Alltagslebens
- Offenbarung des **Göttlichen** in der Natur
- **Gegenbild** zu (vermeintlichen) zivilisatorischen **Errungenschaften und Fortschritten**
- **Gegenwelt** zur **Stadt**
- Natur als **Sehnsuchtsort** des Menschen

Die Natur als Spiegel und Seelenlandschaft

- Natur als **Spiegel für innerseelische Vorgänge** in fast allen Epochen wichtig
- **Spiegelung positiver Stimmungen** (z. B. Frühling → erwachende Liebe) und negativer Stimmungen (z. B. nächtliche Dunkelheit → Gefühl des Bedrohtseins) in passenden Naturbildern

- Natur als **Gleichnis für Gefühle und Empfindungen**
- oft dichte Verknüpfung von **subjektiver Stimmung** des lyrischen Ichs und **Atmosphäre in der Natur** → **gegenseitige Durchdringung** im lyrischen Text
- Natur als **Sinnbild** (z. B. für Dichtersprache) oder auch als **Allegorie** (z. B. für Gefühlswelt)

Die Natur als Geheimnis

- Natur mit ihren Geheimnissen als Raum, der sich menschlich-aufklärerischem **Zugriff entzieht**
- **Erahnen von Höherem** in der Naturbegegnung/-wahrnehmung
- Natur als mysteriöser Raum, der in seiner Unbekanntheit z. B. Erschauern auslöst
- **Pantheismus:** Einheit Gottes mit der Natur

Die Natur als Bedrohung

- Bedrohung durch **Naturgewalten** (z. B. Stürme, Überschwemmungen)
- Gefühl des **Bedrohtseins** durch die unheimliche (und ggf. unbekannte) Natur → oft verbunden mit **Dämonisierung** von Naturelementen (beispielsweise in der naturmagischen Ballade)
- Natur im weiteren Sinne: **Vergänglichkeit** als Teil eines natürlichen Kreislaufs

Die Natur als Politikum

- **Zerstörung** der Natur durch den Menschen: Industrielle Revolution und deren spätere Folgen, Ausbreitung der Städte, Kriege (auch Atomkriege), Kernkraft etc.
- oft verbunden mit **politischen, gesellschaftskritischen Intentionen**
- besonders präsent in der ab den 1970ern entstehenden **Ökolyrik**, Vorläufer aber schon früher (z. B. Verdrängung der Natur durch Verstädterung zu Beginn des 20. Jahrhunderts)

Die Entfremdung von der Natur

- Entfremdung im Sinne der **Naturferne** (z. B. in Stadtgedichten), im Sinne **verlorener Einheit** mit der Natur, im Sinne eines **gestörten Verhältnisses** zur (z. B. industriell) veränderten Natur
- häufig in Verbindung mit Kultur-, Zivilisations-, Technik-, Stadt- oder Industriekritik
- oft Artikulation einer Sehnsucht nach **früherem Urzustand** mit natürlichem Verhältnis zur Natur

Häufige Naturmotive

- **Himmel:** oft symbolisch aufgeladen (→ Gott); **Mond:** oft verbunden mit stimmungsvollen Empfindungen; **Sterne:** oft Verweis auf Höheres und auf kosmische Zusammenhänge
- **Wetter: Sonne** meist eher mit Freude, **Regen** eher mit Traurigkeit verbunden
- **Pflanzen:** Bäume oft als überdauernde, Blumen oft als besonders schöne Naturelemente
- **Tiere: Vögel** oft in Verbindung mit Freiheitssehnsucht, andere Tiere oft ebenfalls mit sinnbildlicher Funktion (z. B. **Raubtiere** als Symbol für Wildheit)
- **Gewässer: Flüsse** und **Seen** oft als Elemente konkreter Naturlandschaften, **Meer** zudem oft symbolisch aufgeladen (→ Weite, Endlosigkeit); **Wolken** oft mit Freiheitsgedanke verbunden
- **Waldeinsamkeit:** Wald als idyllischer Ort der einsamen, (göttlich) inspirierenden Ruhe und Abgeschiedenheit von der geschäftigen Welt
- **Jahreszeiten:** oft symbolische Aufladung (z. B. Frühling → Neuanfang, Erwachen, Belebung; Sommer → volles Leben, Hoch-Zeit; Herbst → Alter, Vergehen; Winter → Erstarrung, Tod)
- **Tageszeiten:** oft symbolische Aufladung (z. B. Abend → Alter; Nacht → Erholung, Bedrohung)

Auf einen Blick

- Natur als Objekt der Poesie
- Herrlichkeit der Natur → Gott
- Innerlichkeit und Subjektivität
- Dominanz von Gedankenlyrik und Lehrdichtung
- Stilideal der Klarheit
- oft pathetische, rhetorikreiche Sprache
- hymnisch-schwärmerische Preisung der Natur

Aufklärung

Naturlyrik

Empfindsamkeit

Eine Fliege als Objekt poetischer Dichtung? Kein Problem für den Aufklärer Brockes: In seinem Gedicht „Die kleine Fliege" (1736) besingt er die Schönheit dieses Insekts.

- Schönheit und Zweckmäßigkeit der Natur
- Anakreontik: heitere, lebensfrohe Dichtung, u. a. Naturidyllen
- Übersteigerung der Naturwahrnehmung ins Religiöse

Allgemeines zur Aufklärung und Empfindsamkeit

- **Aufklärung:**
  - Dauer: ca. 1720 bis 1800
  - große Bedeutung der **menschlichen Vernunft** als entscheidender Maßstab des Handelns → **Autonomie** des Individuums und **Emanzipation** von Autoritäten
- Strömung der **Empfindsamkeit:**
  - Dauer: ca. 1740 bis 1790
  - literarische Strömung, die innerhalb der Aufklärung eine **Ergänzung der rationalistischen Tendenzen** darstellt → ausgeprägte **Gefühlsbetontheit**

Die Naturlyrik der Aufklärung

- Aufklärung als eigentlicher **Beginn der Naturlyrik**, zuvor nur untergeordnete Rolle der Natur
- Auswirkungen der **Verwissenschaftlichung** der Welt auf das Schreiben: Natur als **Objekt der Poesie** mit eigenem Wert → **genaue Naturbetrachtungen** in der Lyrik (inspiriert vom Geist der Genauigkeit naturwissenschaftlicher Beschreibungen) → Lyrik als **Lehrdichtung:**
  - Vermittlung von **Erkenntnissen** über die Natur
  - u. a. Verknüpfung von Naturschilderungen mit **ethisch-moralischen Belehrungen**
  - meist verbunden mit Objektivitäts- und Wahrheitsanspruch
- das Sehen als wichtigste Form der Wahrnehmung der Welt und als Mittel der Erkenntnis
- geordnete Natur als **Vorbild**
- **Schönheit und Zweckmäßigkeit bzw. Nützlichkeit** der Natur im Zentrum vieler Gedichte
- Naturdarstellung oft verbunden mit **Ausdeutung**, v. a. hinsichtlich der schöpferischen Macht Gottes (insbesondere Frühaufklärung) → Nähe zur **Physikotheologie:**
  - Natur als **von Gott geschaffene sinnvolle Ordnung**, die es zu verehren gilt
  - häufiger Gedichtaufbau: genaue Darstellung der Natur, dann **Preisung des Schöpfers**
  - Entsprechung zum Denkschema des **Deismus:** nicht eine Offenbarung zeugt von Gott, sondern **Ratio und Vernunft lassen** auf **Gottes Wirken schließen** (gemäß der aufklärerischen Hochschätzung der Vernunft und gemäß ihrer Distanzierung von Autoritäten)
- teilweise Gegensatzbildung: **Zivilisation/Stadt(leben) vs. Natur/Land(leben)**

- Dominanz von **Gedankenlyrik:** u. a. Reflexion der Bedeutung, die die Natur für den Menschen hat
- Abkehr von barocken Formen (Sonett) und barocker Sprache („Schwulst", schwere Bildsprache) → Stilideal der Klarheit
- Strömung der **Anakreontik** (ca. 1740–1770):
  - benannt nach Anakreon (= altgriechischer Lyriker; Themen: Geselligkeit, Liebe, Wein etc.)
  - Aneignung barocker Motive wie z. B. der **Schäferidylle** oder des **„Carpe diem"** („Nutze den Tag"), aber Überführung in **heitere, spielerische, lebensfrohe, oft sangbare Gedichte**
  - Abgrenzung von reflektierend-belehrender Naturlyrik der Frühaufklärung
  - **Naturidylle** als **positiver Gegenort**, als Ort der sinnlichen **Freude**, des (vernünftig-maßvollen) **Lebensgenusses**, der **Liebe**, des **Träumens** und des **Dichtens**
  - Verwendung des Topos „locus amoenus" (lat. „lieblicher Ort": idealisierter Ort in der Natur)

Die Naturlyrik der Empfindsamkeit

- große Bedeutung von **Innerlichkeit** und **Subjektivität:**
  - Einfluss des Pietismus → Aufwertung des frommen Subjekts gegenüber christlicher Dogmatik
  - Abgrenzung zu Aufklärung (mit ihrem Fokus auf äußere Naturdarstellung) und zu Anakreontik (mit ihrem Fokus auf äußerliche sinnliche Freuden)
  - → zentrale Bedeutung der **Gefühle und Stimmungen**, die vom **Erleben der Natur** ausgelöst werden (daher kaum „objektiv" wirkende Naturbeschreibung) → Lyrik als Selbsterforschung
- hymnisch-schwärmerische **Preisung der Natur**, oft auch verbunden mit Lob der Heimat
- prägende Gefühle: Begeisterung bis hin zum **Enthusiasmus und Überschwang** → **Überhöhung der Natur**
- Übersteigerung der Naturwahrnehmung ins **Fromme, Religiöse, Heilige** → **Gotteslob**
- in der Regel pathetische, rhetorisch stark gestaltete Sprache

Wichtige Autoren der Naturlyrik

- **Barthold Heinrich Brockes** (1680–1747): Vertreter der Frühaufklärung (bedeutsamstes Werk: *Irdisches Vergnügen in Gott*, 1721–1748) → Verknüpfung von geistlicher und weltlicher Naturlyrik → die Natur zeugt von Gott
- **Albrecht von Haller** (1708–1777): Vertreter der Aufklärung → Lehr- und Mahngedichte sowie philosophische Lyrik, Motive der Stoa; sprachlich z. T. an Barock anknüpfend
- **Ewald Christian von Kleist** (1715–1759): Vertreter der Aufklärung → v. a. Naturidyllen
- **Johann Peter Uz** (1720–1796): Vertreter der Anakreontik → v. a. heitere, leichte Gedichte → Freude, Sinnlichkeit und Weingenuss in der Natur, Motive der Schäferlyrik
- **Friedrich von Hagedorn** (1708–1754): Vertreter früher anakreontischer Dichtung → Rückgriff auf antike Vorbilder (insbes. Horaz) und mythologische Figuren → v. a. einfache Formen und von Leichtigkeit geprägte Inhalte: Verbindung der Naturdarstellung mit den Themen Liebe, Freundschaft, Geselligkeit; Idealisierung bäuerlichen Lebens
- **Friedrich Gottlieb Klopstock** (1724–1803): bedeutendster Vertreter der Empfindsamkeit → **Dominanz feierlicher Formen** (wie Hymne und Ode), starke rhetorische Gestaltung / hoher Stil, freie Rhythmen
- **Johann Heinrich Voß** (1751–1826): Vertreter der Empfindsamkeit → Idyllendichtung mit realistischer Grundierung, z. T. Tendenz zum Sturm und Drang
- **Ludwig Christoph Heinrich Hölty** (1748–1776): zwischen Empfindsamkeit und Sturm und Drang → Vorbild Klopstock, aber z. T. ins Elegische gehend und mit melancholischen Tönen

Auf einen Blick

Mensch als Teil der „göttlichen" Natur

Natur als Quelle künstlerischer Inspiration

Natur als Spiegelung von Gefühlen

Dichter mit natürlicher Schaffenskraft: Originalgenie

Inhalt

Natur als Vorbild für den Dichter

Naturlyrik des Sturm und Drang

oft Personifikation der Natur

(Volks-)lied, Ballade, Hymne

Form und Sprache

Sprache: teils hohe Intensität, teils schlicht-volkstümlich

oft Verbindung mit Liebes- und Erlebnislyrik

Goethes Gedicht „Heidenröslein", in dem ein „Knab'" ein „Röslein auf der Heiden" pflückt, wird teilweise als bildhafte Darstellung einer Vergewaltigung gedeutet.

Allgemeines zum Sturm und Drang

- Dauer: ca. 1765 bis 1785
- Jugendbewegung als Protest gegen den fortschrittsoptimistischen Rationalismus der Aufklärung
  → neue Leitbegriffe: **Natur, Gefühl, Freiheit**; kondensiert im **Genie**
- **Aufbruchstimmung: kraftvolle Befreiung** von gesellschaftlichen Beschränkungen
- Kampf um **Freiheit von Regeln/Zwängen:**
  - ästhetisch: Abkehr von Regelpoetiken (und oft auch von zu starkem Formzwang)
  - gesellschaftspolitisch: sozialreformatorische Forderungen (z. B. Gleichheit aller Menschen)
- Träger der Bewegung: hauptsächlich gebildete junge Männer aus dem Bürgertum
- Vorbilder: Homer, Shakespeare, Bibel, Volksdichtung (vor allem Macphersons *Ossian*)
- **Johann Gottfried Herder** als Wegbereiter des Sturm und Drang → fordert programmatische Rückkehr zur natürlichen Sprache, zum „Gesang der Natur" und zu nationaler Originalität

Die Naturlyrik des Sturm und Drang

- Verhältnis Mensch – Natur:
  - Natur als **Vorbild für den Dichter:** Ursprünglichkeit, Vitalität, Originalität und Freiheit
  - das Ich in der Natur: **subjektiver Naturgenuss**
  - Natur als Ort überschwänglicher Empfindungen → oft Verbindung mit **Erlebnislyrik** und **Liebeslyrik**
  - Natur als Quelle für **künstlerische Inspiration**
  - **Spiegelung menschlicher Gefühle** in der Natur
- **Pantheismus** (insb. bei Goethe): Gott kein personaler Schöpfer, sondern identisch mit der Natur → Aufwertung des Menschen als Wesen, das Teil dieser „göttlichen Natur" ist
- Vorstellung des **Originalgenies:**
  - der Dichter als **Schöpfer aus sich selbst heraus**, losgelöst von kultureller Tradition und mit **naturgegebener Schaffenskraft**

- neues Verständnis von Mensch und Natur als Basis des Geniegedankens: Mensch ist – frei von äußeren Regeln – intuitiv schöpferisch tätig
- oft Verkörperung der Natur bzw. von Elementen der Natur in (mythologischen) Figuren: z. B. der Erlkönig in Goethes gleichnamigem Gedicht oder die Nixe in *Der Fischer* (ebenfalls Goethe)
- **Göttinger Hain/Hainbund:**
  - stark traditionsgebundener Freundschafts- und Dichterbund mit Vorbild Klopstock und Nähe zur Empfindsamkeit
  - **Verklärung und Verherrlichung der Natur** und des Landlebens → große Naturbegeisterung, auch als Gegengewicht zur als rationalistisch empfundenen Aufklärung
- Sprache:
  - Sprache als „Ausdruck des Herzens": Suggestion einer **spontan-unmittelbaren Gefühlssprache** mit **hoher Intensität** (z. B. durch Neologismen, Ausrufe, Ellipsen), z. T. aber auch **schlicht-volkstümlicher Duktus**
  - oft Personifikation der Natur
  - Etablierung einer neuen lyrischen Sprache als **Ausdruck des Originalgenies:** Neologismen, Inversionen, Hyperbeln, Syntaxauflösung, freie Rhythmen
- Formen:
  - **(Volks-)Lied:** besonders geeignet für volksnahe Dichtung, die z. B. Herder forderte → Vorstellung, diese sei von mehr **Natürlichkeit** geprägt
  - **Ballade:** erzählerische Anlage dieser Gattung oft zur Darstellung dramatischer Vorgänge genutzt, z. B. in **naturmagischen Balladen** (wie *Erlkönig* von Goethe)
  - **Hymne:** oft verwendet, um Götter oder die **Natur**, aber auch das **dichterische Originalgenie** zu **preisen** → freie Verse/Rhythmen und Verzicht auf festes Reimschema als Ausdruck der Befreiung von äußeren Zwängen
  - **Ode:** erhabener, feierlicher Ton insbesondere für Lob der Natur genutzt, vor allem von Autoren des Göttinger Hains

Wichtige Autoren der Naturlyrik

- **Johann G. Herder** (1744–1803): führender Denker der Geniebewegung; Entwickler des Konzepts von ursprünglicher „Volkspoesie" → Gedichtsammlung *Volkslieder*
- **Johann W. v. Goethe** (1749–1832): Anregung durch Herder zur Beschäftigung mit dem Volkslied und der Ballade → *Heidenröslein, Erlkönig*; Liebe zur elsässischen Pfarrerstochter Friederike Brion → *Sesenheimer Lieder* (Sammlung mit Erlebnislyrik, u. a. *Maifest, Willkommen und Abschied*); Hymnen (u. a. *An Schwager Kronos, Prometheus, Ganymed*)
- **Jakob R. M. Lenz** (1751–1792): Gedichte, die teils Goethes *Sesenheimer Liedern* nahestehen
- **Gottfried A. Bürger** (1747–1794): strebt nach „volkstümlicher" Dichtung → einfache, gereimte Lieder und Elegien; Balladen
- **Ludwig C. H. Hölty** (1748–1776): wichtigster Lyriker des Göttinger Hains; Balladen, Oden, Elegien, Lieder
- **Matthias Claudius** (1740–1815): dem Göttinger Hain nahestehend; Gedichte (z. B. *Abendlied* [= *Der Mond ist aufgegangen*])
- **Friedrich L. Graf zu Stolberg** (1748–1819): Mitglied des Göttinger Hains; revolutionärpathetische Gedichte, aber auch Preisung der Natur (u. a. Natur als Ausdruck des Göttlichen)

Auf einen Blick

kaum unbefangene Idealisierung der Natur

Detailwahrnehmung

Kritik an Umweltzerstörung und Technik
→ „ökologische Lyrik"

Inhalt

Naturlyrik des 21. Jahrhunderts

reflektierendes statt emotional-unmittelbares Verhältnis zur Natur

Subjektivität

Fortführung postmoderner Tendenzen

Form und Sprache

häufig kein Reim/Metrum, z. T. keine Interpunktion und Großschreibung

neuartige, oft überraschende Bildlichkeit

oft Chiffren, Ironie, Nähe zur Prosa, Sprachspiele

Lyrik statt Biologie: Wer wissen möchte, was die Pflanzenart mit dem eigentümlichen Namen „Giersch" ist, kann's ja mal mit dem Gedicht „giersch" des Lyrikers Jan Wagner versuchen.

Allgemeines zur Literatur des 21. Jahrhunderts

- große thematische Breite der Literatur, kein einheitliches Menschenbild
- **Epik** als vorherrschende Gattung, insbesondere Romane
- Auseinandersetzungen mit **aktuellen Problemen** (z. B. mit der Klimakrise, der Globalisierung), aber auch mit der Geschichte (NS-Zeit, DDR)
- großer Marktanteil von **Trivialliteratur**
- Veränderungen des Literaturmarktes durch **Digitalisierung**: z. B. E-Books, Vermarktung über soziale Netzwerke usw.
- Literatur vor Herausforderung, die immer **komplexer werdende Welt** zu verarbeiten

Die Naturlyrik des 21. Jahrhunderts

- **große Vielfalt** der Naturlyrik, aber **selten unbefangene Idealisierung** der Natur
- Verhältnis Mensch – Natur:
  - **Subjektivität:** Auseinandersetzung mit dem eigenen Ich über Naturerfahrungen (z. B. in Form von Erinnerungen an Kindheitserlebnisse in der Natur); teils Ineinanderfließen der Grenzen von lyrischem Sprecher/Ich und gegenständlicher Welt
  - eher **reflektierendes Verhältnis zur Natur** anstelle emotional-unmittelbarer Beziehung
  - oft Einbettung der Natur in einen großstädtischen Kontext bzw. Verbindung mit **zivilisatorischen Elementen** (z. B. Strommasten)
  - Natur gelegentlich als (meist nur vorübergehender) **Freiheitsraum**
  - Kritik an **Umweltzerstörung und Technik**
- Präferenz für **Detailwahrnehmung** der Natur, analog zu Naturwissenschaften
- **veränderter Blick** auf die Natur durch **heutige Reisemittel:** z. B. Flugzeug (oft: Distanz), Zug (oft Schnelligkeit)
- **„ökologische Lyrik":**
  - Thematisierung der **Bedrohung** der Natur durch Menschen, Fortschritt und Technik (auch als Reflex auf die Klimakrise)
  - Natur teils als „Zeichenreservoir": Kombination von Naturbegriffen mit Begriffen aus den Bereichen Zivilisation, Technik, Wirtschaft

- meist **keine direkte politische Anklage** und kein expliziter Appell (Unterschied zur Ökolyrik des 20. Jahrhunderts)
- Fortführung **postmoderner** Tendenzen:
  - Abkehr von festgelegten Ausrichtungen und Besinnung auf subjektive künstlerische Freiheit
  - Betonung der **subjektiven Wahrnehmung** und Suche nach der eigenen Identität
  - Intertextualität, Zitate und Anspielung auf andere Texte
  - oft **ironisch gebrochener/parodistischer Bezug** auf stilistische Vorbilder und Muster
  - Mehrfachcodierung üblich/verschiedene Lesarten möglich
- **Form und Sprache:**
  - oft **Verzicht auf Metrum und Reim**, z. T. ins Experimentelle gehende Form
  - häufig Montage verschiedener Elemente (u. a. der Natur), Nähe zur Prosa, **Sprachspiele**
  - oft Abweichungen von üblicher Schriftsprache (z. B. Kleinschreibung, Interpunktionslosigkeit)
  - Tendenz zur **Chiffre, Ironie,** Elegie, distanzierten Betrachtung, Nähe zu innerem Monolog
  - oft neuartige, eigentümliche, überraschende **Bildlichkeit** – auch zur Erzeugung von Brüchen
  - häufig keine Übereinstimmung von gedanklichen Zäsuren mit Vers-/Strophengrenzen

Wichtige Autorinnen und Autoren der Naturlyrik

- **Jürgen Becker** (geb. 1932): Naturlyrik mit Verzicht auf das Beschauliche in *Dorfrand mit Tankstelle* (2007), *Aus der Kölner Bucht* (2009), *Scheunen im Gelände* (2012)
- **Nora Bossong** (geb. 1982): Gedichtband *Sommer vor den Mauern* (2011) mit märchenhaften und mythologischen Elementen
- **Heinrich Detering** (geb. 1959): Lyrik im Bewusstsein der klassisch-romantischen Tradition, aber z. B. mit freier Handhabung traditioneller Gedicht-/Strophenformen, in *Wundertiere* (2015)
- **Durs Grünbein** (geb. 1962): „biologische Poesie" → Aufnahme von Erkenntnissen der Naturwissenschaft, Hirnforschung und Neurobiologie in die Lyrik im Gedichtband *Schädelbasislektion* (1991); neuere Lyrik konventioneller, z. B. in *Koloss im Nebel* (2012), *Zündkerzen* (2017)
- **Thomas Gsella** (geb. 1958): respektlose Gedichte über Jahreszeiten, Haus- und Wildtiere in Anlehnung an interdisziplinäres Forschungsfeld der „Animal Studies" in *Saukopf Natur. Was mal gesagt werden muss* (2016)
- **Ulla Hahn** (geb. 1945): neben Themen wie Liebe und Vergänglichkeit auch Verarbeitung der Naturwissenschaften in *stille trommeln* (2021)
- **Norbert Hummelt** (geb. 1962): *Pans Stunde* (2011): Gedichtband mit vielfachen Bezügen auf deutsche Literatur des 19. Jh.
- **Sarah Kirsch** (1935–2013): „Entzauberung" der Natur durch Verknüpfung mit gesellschaftlichen Problemen z. B. im Gedichtband *Schwanenliebe* (2001); Tagebücher mit eingestreuter Naturlyrik: *Märzveilchen* (2012), *Juninovember* (2014)
- **Nadja Küchenmeister** (geb. 1981): teils neuromantische Naturbeschreibungen in *Alle Lichter* (2010), *Unter dem Wacholder* (2014)
- **Marion Poschmann** (geb. 1969): ironische Distanz zur Tradition der Naturlyrik, z. B. in *Grund zu Schafen* (2004): Naturgedichte in klassischen Odenstrophen unter modernen Erkenntnisbedingungen
- **Silke Scheuermann** (geb. 1973): ironisch gebrochene, oft mystische Zugänge zur Natur, z. B. im Gedichtband *Skizze vom Gras* (2014)
- **Jan Wagner** (geb. 1971): Lyriksammlung *Regentonnenvariationen* (2014) mit poetischem, ins Detail gehendem Blick auf die Natur

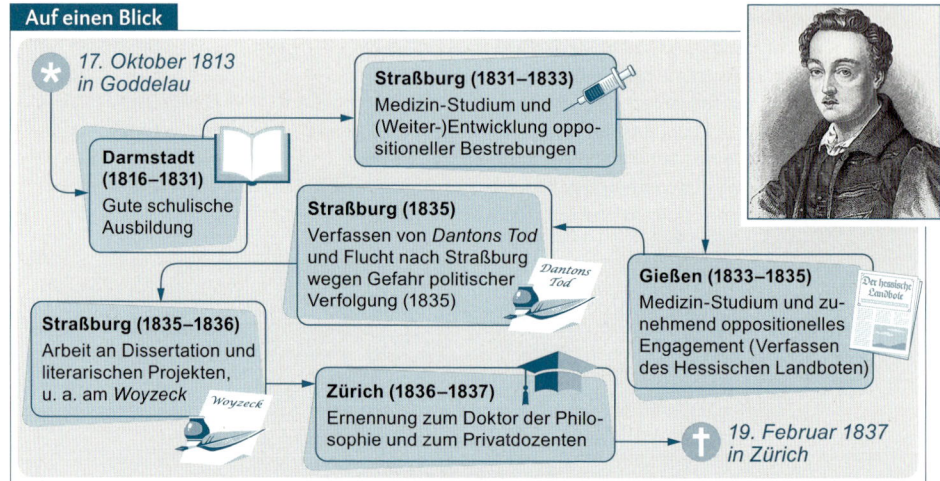

Auf einen Blick

17. Oktober 1813 in Goddelau

Darmstadt (1816–1831)
Gute schulische Ausbildung

Straßburg (1831–1833)
Medizin-Studium und (Weiter-)Entwicklung oppositioneller Bestrebungen

Straßburg (1835)
Verfassen von *Dantons Tod* und Flucht nach Straßburg wegen Gefahr politischer Verfolgung (1835)

Gießen (1833–1835)
Medizin-Studium und zunehmend oppositionelles Engagement (Verfassen des Hessischen Landboten)

Straßburg (1835–1836)
Arbeit an Dissertation und literarischen Projekten, u. a. am *Woyzeck*

Zürich (1836–1837)
Ernennung zum Doktor der Philosophie und zum Privatdozenten

19. Februar 1837 in Zürich

Kindheit und Jugend in Darmstadt (1813–1831)

- Geburt am 17. Oktober 1813 in Goddelau bei Darmstadt (Hessen) als erstes von sechs Kindern
- **Vater** Ernst Karl Büchner: **Arzt** (Chirurg); **Mutter** Louise Caroline Büchner
- 1816: Umsiedelung nach **Darmstadt** wegen neuer Stelle des Vaters
- Bildung des Kindes durch frühen **Privatunterricht** der Mutter → Lesen, Schreiben, Rechnen
- 1821–1825: Besuch der gut ausgestatteten „Privat-Erziehungs- und Unterrichts-Anstalt"
  → **umfassender Unterricht** – u. a. verschiedene Fremdsprachen und naturkundliche Fächer
- ab 1825: Besuch des angesehenen „Pädagogiums" (Ludwig-Georgs-Gymnasium) in Darmstadt
  → **breit gefächerte Ausbildung**, u. a. auch in Rhetorik und Alten Sprachen
- Beförderung des **Geschichtsinteresses** u. a. durch den Vater, der aus der Zeitschrift *Unsere Zeit* vorlas, in der die Ereignisse während der Napoleonischen Kriege geschildert werden
- Lesekreis mit Mitschülern (u. a. mit Karl Minnigerode): Begeisterung für Shakespeare
- auch ansonsten **Interesse für Werke der großen Autoren** (Homer, Sophokles, Goethe etc.)
- zweimaliges Halten einer Rede bei Semesterabschlussfeiern – u. a. Begeisterung für den freiheitsliebenden Cato, der sich selbst tötete, um sich nicht Cäsar unterordnen zu müssen
- gegen Ende der Schulzeit zunehmend **Sympathie für radikale Positionen**, wie sie in der **Französischen Revolution** vertreten wurden
- 1831: **Schulabschluss** (gutes Zeugnis z. B. in Deutsch und Latein, schlechtes Zeugnis in Mathe)

Studium in Straßburg (1831–1833)

- 1831: Beginn des **Studiums an der Medizinischen Fakultät** der **Universität Straßburg**
- Beginn der Liebe zu **Wilhelmine Jaeglé**, bei deren Vater Johann Jakob (Pfarrer) Büchner wohnt
- Lektüre sozialrevolutionärer Schriften – Entwicklung republikanisch-freiheitlicher Vorstellungen
- Dauergast bei Studentenverbindung „Eugenia": neben theologischen und studentischen auch politische Themen → Büchner mit **engagierten, obrigkeitskritischen Überzeugungen**
- Ende 1832: Verschlechterung der Stimmung bei Büchner wegen beengter Atmosphäre in Straßburg (im Vergleich zu Darmstadt)

- 1833: heimliche **Verlobung mit Wilhelmine Jaeglé**
- April 1833: Brief der Eltern über die Beteiligung einiger „Pädagogiums"-Schüler am umstürzlerischen **Frankfurter Wachensturm** → Büchners Versicherung, an solchen Aktionen nicht teilzunehmen – aber keine strikte Verurteilung von **Gewalt** als Mittel gesellschaftlicher Veränderung
- Sommer 1833: **Weggang aus Straßburg** → zunächst Aufenthalt in Darmstadt, wo einige seiner ehemaligen Mitschüler wegen des Verdachts, an politischen Unruhen beteiligt gewesen zu sein, verhaftet worden sind → u. a. Falschaussage Büchners, um einen von ihnen zu entlasten

Studium in Gießen (1833–1835)

- 1833: Fortsetzung des **Studiums an der Medizinischen Fakultät** der **Universität Gießen**
- 1834: Bekanntschaft mit dem Schulrektor und **Oppositionellen Dr. Friedrich L. Weidig**
- Lektüre von **Werken** über die **Französische Revolution** → sogenannter „Fatalismus"-Brief an Wilhelmine, in dem Büchner einen „gräßlichen Fatalismus der Geschichte" feststellt
- Gründung der geheimen **oppositionellen „Gesellschaft der Menschenrechte"** in Gießen
- Juli 1834: Druck der von Büchner verfassten und von Weidig entschärften Flugschrift *Der Hessische Landbote* → heftige **Anklage der Obrigkeit** wegen der **gesellschaftlichen Ungerechtigkeiten** → Parole: „Friede den Hütten! Krieg den Palästen!"
- Verhaftung Minnigerodes (Freund Büchners) wegen des Besitzes von 150 Kopien der Flugschrift
- **Durchsuchung der Wohnung und Vernehmung Büchners**
- Winter 1834/35: Aufenthalt in Darmstadt bei den Eltern → **Vorarbeiten** zu *Dantons Tod* (Buchrecherchen zur Französischen Revolution) → Januar/Februar 1835: **Niederschrift von *Dantons Tod*** unter dem Druck, das Werk schnell abzuschließen (wegen drohender Polizeiermittlung)
- März 1835: **Flucht nach Straßburg**, nachdem Büchner nicht persönlich bei einer gerichtlichen Vorladung erschienen war und fürchten musste, steckbrieflich gesucht zu werden
- vorzensierter **Vorabdruck** von *Dantons Tod* in der Zeitschrift *Phönix*

Straßburg und Zürich (1835–1837)

- viele Verhaftungen von Freunden und Verbündeten (u. a. Friedrich Weidig)
- Übersetzungen von Dramen Victor Hugos für den Verleger Sauerländer
- **Veröffentlichung** der **Buchausgabe von *Dantons Tod*** im Juli 1835
- Arbeit an der Erzählung *Lenz*
- Herbst/Winter 1835/36: Intensivierung der **Doktorarbeit** (nervliche Verbindungen bei Fischen)
- zweite Hälfte des Jahres 1836: **Arbeit an den Dramen *Woyzeck* und *Leonce und Lena***
- Promotion zum **Doktor der Philosophie** an der Universität Zürich, Umzug nach Zürich, Ernennung zum Privatdozenten – Beginn universitärer Lehre
- Tod nach schwerer Erkrankung an Typhus am 19. Februar 1837
- Drama *Woyzeck* erst 1879 veröffentlicht und 1913 im Residenztheater München uraufgeführt

Werkauswahl

- Drama *Dantons Tod* (verf. 1835): Darstellung des von konträren Weltbildern geprägten Konflikts über die Fortführung der Französischen Revolution am Schicksal des Politikers Danton
- Novelle/Erzählung *Lenz* (verf. 1835): Schilderung der zunehmenden geistigen Verwirrtheit des Schriftstellers Jakob Michael Reinhold Lenz
- Lustspiel *Leonce und Lena* (verf. 1836): verwickelte Liebesgeschichte zweier Königskinder als satirische Karikatur zeitgenössischer Kleinstaaten und humorvolle Distanzierung von der Romantik

Auf einen Blick

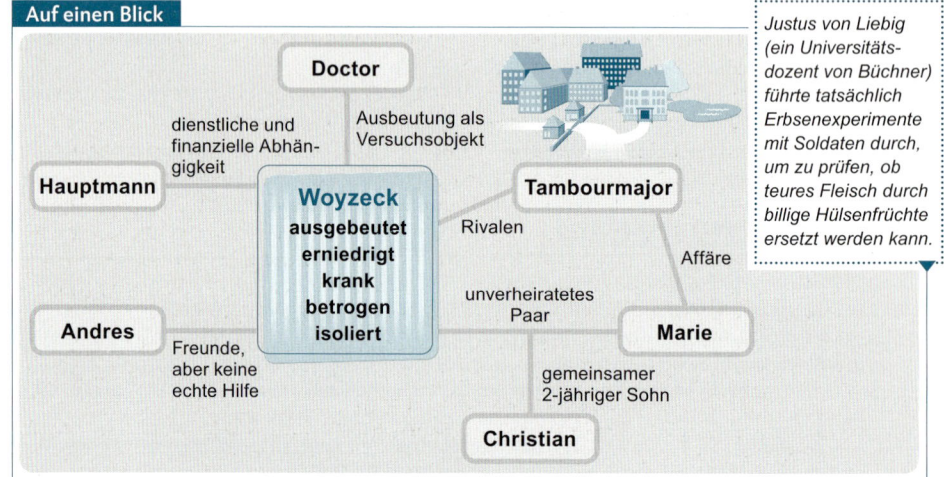

Justus von Liebig (ein Universitätsdozent von Büchner) führte tatsächlich Erbsenexperimente mit Soldaten durch, um zu prüfen, ob teures Fleisch durch billige Hülsenfrüchte ersetzt werden kann.

Woyzeck, Dramenfragment mit 27 Szenen

- **1. Szene, Freies Feld. Die Stadt in der Ferne:** einfache Soldaten Woyzeck und Andres beim Schneiden von Stöcken → Woyzecks **Wahnvorstellung**, dass sie sich an einer Hinrichtungsstätte der Freimaurer befänden und der Boden unter ihnen hohl sei; Wahrnehmung von Stimmen und Zeichen am Himmel

- **2. Szene, In der Stadt:** Tambourmajor mit Militärkapelle an Maries offenem Fenster vorbei: Marie mit ihrem kleinen Jungen auf dem Arm; Streit mit der Nachbarin Margareth wegen eines Flirts mit dem attraktiven Tambourmajor; Besuch von Woyzeck an Maries Fenster: Schilderung seiner Wahnvorstellungen, zunehmende Sorge Maries um Woyzeck

- **3. Szene, Buden. Lichter. Stadt:** Woyzeck und Marie auf dem Jahrmarkt; Vortrag des Ausrufers über Tiere mit magischen Fähigkeiten und über die fließende **Grenze zwischen Mensch und Tier** → Marie im Blickfeld des Tambourmajors, gelangt mithilfe des Unteroffizier zu Tambourmajor in die erste Reihe in der Jahrmarktsbude

- **4. Szene, Maries Kammer:** Selbstbetrachten Maries im Spiegel mit den neuen Ohrringen vom Tambourmajor → Beklagen der Ungleichheit der Menschen, Feststellen ihrer eigenen Schönheit; Eintreten Woyzecks, in dem beim Anblick der Ohrringe ein **Verdacht** aufkommt; Überreichen seines Wochenlohns, Anflug von schlechtem Gewissen bei Marie

- **5. Szene, Zimmer:** Rasieren des Hauptmanns als Woyzecks Nebenverdienst: Woyzeck vom Hauptmann zur Langsamkeit ermahnt; Woyzeck sei laut Hauptmann ein guter Mensch, ihm fehle aber Moral, was sein uneheliches Kind beweise → Woyzecks Rechtfertigung mit der Liebe Gottes für alle Menschen und mit der Unmöglichkeit, als armer Mensch **moralisch** und tugendhaft leben zu können

- **6. Szene, Gasse:** intensiver Flirt und Körperkontakt zwischen Tambourmajor und Marie

- **7. Szene, Gasse:** Konfrontation zwischen Marie und Woyzeck, der die Begegnung zwischen ihr und Tambourmajor beobachtet hat → Maries abwehrende und gleichgültige Reaktion

- **8. Szene, Labor des Doctors:** Ärger des Doctors, dass Woyzeck „an die Wand gepisst" hat, obwohl er im Rahmen einer bezahlten Erbsendiät Urinproben abgeben muss

Auf einen Blick

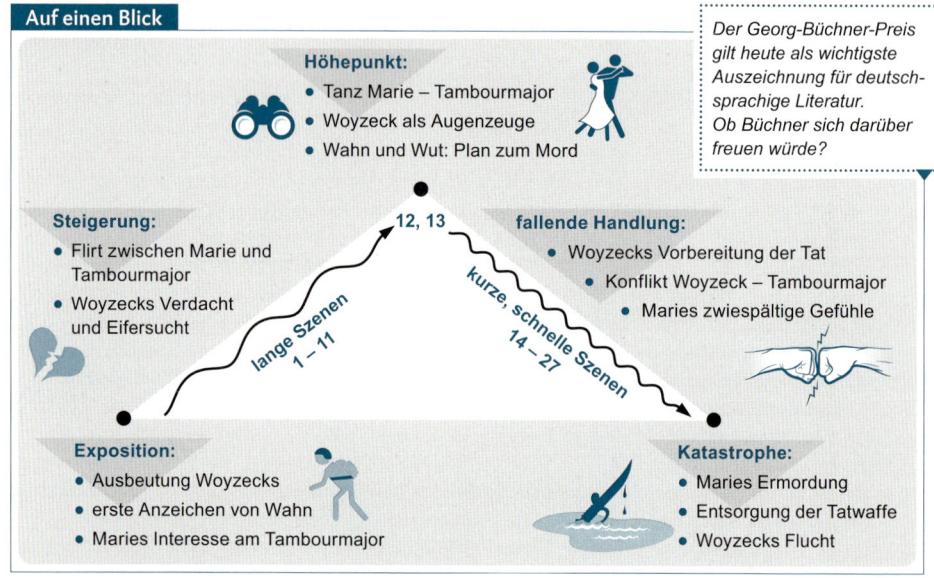

Höhepunkt:
- Tanz Marie – Tambourmajor
- Woyzeck als Augenzeuge
- Wahn und Wut: Plan zum Mord

Der Georg-Büchner-Preis gilt heute als wichtigste Auszeichnung für deutschsprachige Literatur. Ob Büchner sich darüber freuen würde?

Steigerung:
- Flirt zwischen Marie und Tambourmajor
- Woyzecks Verdacht und Eifersucht

12, 13

lange Szenen 1 – 11

kurze, schnelle Szenen 14 – 27

fallende Handlung:
- Woyzecks Vorbereitung der Tat
- Konflikt Woyzeck – Tambourmajor
- Maries zwiespältige Gefühle

Exposition:
- Ausbeutung Woyzecks
- erste Anzeichen von Wahn
- Maries Interesse am Tambourmajor

Katastrophe:
- Maries Ermordung
- Entsorgung der Tatwaffe
- Woyzecks Flucht

Aufbau und Form

- Dramenfragment *Woyzeck* als von Büchner nicht vollendetes Werk: **Szenenfolge nachträglich arrangiert** (anhand verschiedener Handschriften)
- keine Gliederung in Akte
- **Kürze** der Szenen = komprimierte, skizzenhafte Momentaufnahmen → **Aneinanderreihung** von Bildern
- Szenen werden ab 12. Szene kürzer, als Woyzeck Marie beim Tanzen sieht und Mordplan fasst → Handlung nimmt an **Geschwindigkeit** zu, unvermeidbares Zulaufen auf die Katastrophe
- **Zeitstruktur:** Handlung dauert ca. **48 Stunden** → äußerst gedrängte Zeitstruktur – auch aufgrund der **Simultaneität** einiger Szenen
- trotz Fragmenthaftigkeit (die in Büchners frühem Tod begründet liegt): gewisse Nähe zur Struktur aus **Exposition**, **Steigerung**, **Höhepunkt**, **fallender Handlung** und **Katastrophe** rekonstruierbar (siehe Schaubild)
- **Raumstruktur:** Stadt in Hessen (Dialekt!); Räume als wichtige **Bedeutungsträger:**
  - **Räume der Enge: Maries Kammer** → bedrückende Existenz, nur Kurzbesuche durch Woyzeck; Fenster als willkommene Verbindung zur Außenwelt; **Woyzecks Kaserne** → Halluzinationen, Schlaflosigkeit, Unruhe: notwendige Flucht nach draußen
  - **Räume der Öffentlichkeit:** Jahrmarkt, Gasse, Wirtshaus, freies Feld → für Marie Orte der **Freiheit** und des Vergnügens, aber auch ihres Todes → für Woyzeck Orte der **Demütigung** und **Verlorenheit**
  - → Spiegelung der jeweiligen Befindlichkeit der Figur durch Räume (trotz beinahe vollständigem **Fehlen von Regieanweisungen** zum Aussehen der Schauplätze)

Sprache und Stil

- Zweiteilung des sprachlichen Codes in *Woyzeck* → **schichtenspezifische Sprache**
- Sprache der **Funktionsträger der gesellschaftlichen Ordnung** (Hauptmann, Doctor):
  - Benennung durch Beruf bzw. Rang: keine echten Figuren, eher **Typen**
  - Sprache als Mittel zur **Ausübung von Herrschaft** und zur Zementierung des Status quo: Lenken des Gesprächs, Erteilen von Befehlen (direktive Sprechakte), **Selbstdarstellung** (Melancholie des Hauptmanns, wissenschaftlicher Ruhm des Doctors)
  - **Hauptmann:** Hochwertbegriffe (z. B. „moralisch") als Worthülsen für eine konfuse Argumentation, die **Gutmütigkeit** vortäuscht, aber Herablassungen und **Schadenfreude** enthält
  - **Doctor:** medizinisch-philosophische Fachbegriffe (im Dienste des vermeintlichen Erkenntnisgewinns) als rhetorischer Deckmantel für **zynische Menschenverachtung** und Degradierung des Menschen zum Versuchs- und Anschauungsobjekt
  - **Vortragscharakter** ihrer Äußerungen → Ungleichgewicht der Sprechanteile
  - → keine kommunikative Hinwendung zu Mitmenschen (nur Er-Anrede an Woyzeck!), **keine Anteilnahme**, Festhalten am **Jargon**
- **Sprache der armen, einfachen Leute** als Opfer der gesellschaftlichen Verhältnisse:
  - Benennung durch echte Namen: Woyzeck, Marie, Andres etc. → Individuen, **Charaktere**
  - Sprache als **Ausdruck ihrer Notlage:** knapp, direkt, umgangssprachlich
  - Ellipsen, Satzabbrüche, Interjektionen → **Authentizität**, **Ehrlichkeit** der Figuren, Ausdruck ihrer **Unbeholfenheit** und Not
  - **Dialoge:** aneinander vorbeireden statt aufeinander eingehen → **sprachliche Isolation**
  - **Woyzeck: biblisch-apokalyptische Wendungen** als Hilfe, um seine psychotischen Erfahrungen mitteilbar zu machen; oftmals grüblerisch-doppeldeutige Sprache → dennoch Fähigkeit zur klaren Formulierung (z. B. zum Verhältnis von Geld und Moral)
  - **Marie: dinghaft-konkrete Sprache** als Mittel, ihre Lage zu beschreiben („ich bin nur ein arm Weibsbild."), ihr Begehren auszudrücken („Rühr mich an!") oder Unangenehmes zu leugnen („Und wenn auch.") → Ausdruck ihrer Sehnsucht nach besserem Leben
  - **Bibelstellen, Volkslieder, Märchen:** da Ausdrucksvermögen der Figuren ungenügend, Rückgriff auf vorgeformte sprachliche Versatzstücke (die als Trost und als Sinnangebote gedacht sind) → in *Woyzeck* Betonung des pessimistischen Weltbildes (z. B. Anti-Märchen der Großmutter) oder Vorausdeutungen auf tragische Ereignisse (z. B. Märchen-Zitate des Narren)
- weitere Figuren:
  - aufdringliche Sprache des **Ausrufers** (auf Sensationsbedürfnis des Publikums gerichtet)
  - derb-anzügliche Sprache des **Tambourmajors** (zur Protzerei und Triebbefriedigung)

Gattungsbestimmung und Epochenzugehörigkeit

- **Tragödie/bürgerliches Trauerspiel:** zwingendes Zulaufen auf die Schlusskatastrophe, ABER: Verstoß gegen alle Standeskriterien, da sog. vierter Stand („Proletariat") im Personal des Dramas
- *Woyzeck* als erstes **„soziales Drama":** Konflikt bedingt durch soziale Umstände (Armut, Ausbeutung, Unterdrückung), Untergang eines chancenlosen „underdog"
- **Vormärz:** Abwenden vom Idealismus der Klassik und Romantik, Hinwenden zur Realität und zur sozialen Ungerechtigkeit (im Naturalismus *Woyzeck* als Vorläufer interpretiert: soziales Elend, Determination; im Expressionismus sensibler und wahnsinniger Woyzeck als Schlüsselfigur)
- **Wegbereiter der Moderne:** Büchners psychologisches Interesse für Elend und Entfremdung, für Krisen der Identität; Innovativität der Sprache und der Dramenkonzeption von *Woyzeck*

Auf einen Blick

Historisch-biografisch
- Debatte um Zurechnungsfähig-keit des historischen Woyzeck
- Büchners Erfahrungen mit Unterdrückung

Philosophisch
- Kritik an lebensferner Moral und am Idealismus
- Determinismus und Materialismus

Eine Kulturzeitschrift be-zeichnete Georg Büchner 2013 – in Abgrenzung vom Dichterfürsten Goethe – als „Dichter-Punk".

keine Allgemein-gültigkeit nur eines Deutungs-ansatzes, sondern immer Zusammen-spiel mehrerer Lesarten

Psychologisch
- Erniedrigung, Ausbeutung, Überlastung, Isolation
- Woyzecks Krankheit als Folge: Psychose

Soziologisch
- kein gesellschaftlicher Zusammenhalt
- keine Hilfe der Starken für die Schwachen
- soziale Ungerechtigkeit und ihre Folgen

Historisch-biografische Lesart

- **historischer Johann Christian Woyzeck** (gelernter Perückenmacher, dann Soldat und Gelegenheitsarbeiter ohne festen Wohnsitz): Ermordung seiner Geliebten Johanna Christiane Woost 1821, Enthauptung auf Leipziger Marktplatz 1824 → Diskussion über die **Zurechnungsfähigkeit von Mördern**
- Büchners Lektüre der strittigen psychiatrischen Gutachten von Dr. Clarus über Woyzeck → Drama *Woyzeck* als sein Beitrag zur zeitgenössischen Debatte
- Büchners Interesse für politische Verhältnisse und Engagement für gerechtere Gesellschaft: „Friede den Hütten, Krieg den Palästen!" *(Hessischer Landbote)* → historischer Woyzeck als „willkommenes" Beispiel für die Folgen der **Verarmung ganzer Bevölkerungsschichten** im frühen 19. Jahrhundert (sog. vorindustrieller Pauperismus)
- Büchners Erfahrungen in der Restaurationszeit als politisch Unterdrückter und Verfolgter: **fehlende Solidarität** der Höherstehenden mit den Schwächeren der Gesellschaft → keine Veränderungen oder gar Revolutionen möglich

Psychologische Lesart

- **Woyzecks Entwicklung** vom einfachen Soldaten und unverheirateten Familienvater zum Wahnsinnigen und Mörder
- keine Hochzeit mit Marie möglich, da er als Soldat das vorgeschriebene Vermögen nicht aufbringen kann → Beziehung zu Marie gesellschaftlich **geächtet**
- wegen finanzieller Verantwortung (für Marie und ihr gemeinsames Kind) **Nebentätigkeiten** notwendig: Rasieren des Hauptmanns, Versuchsobjekt bei Doctor, Assistent bei Professor → trotz **Hetze** und **Überbelastung**: keine Befreiung aus seiner kümmerlichen Lage
- krank durch **Ernährungsexperiment** des Doctors: physische (erhöhter Puls, Zittern, Schwin-delanfälle, Kopfschmerzen, Haarausfall) und psychische Symptome (Hören von Stimmen, Welt-untergangsvisionen, Verfolgungswahn) → **schwere Psychose**
- **Beleidigungen** und **Erniedrigungen** durch Hauptmann: Vorwürfe wegen unehelichem Kind, spöttische Anspielungen auf Affäre zwischen Marie und Tambourmajor

- Tambourmajor als körperlich überlegener **Rivale:** Ausspannen der Geliebten, Hohn und **Gewalt**
- durch **Maries Betrug** Verlust seines wichtigsten Halts im Leben → **Leidensdruck** wird zu groß: endgültiges Abgleiten in den Wahn, Planen und Ausführen des Mordes
- Auslöser der Mordtat: Eifersucht und Betrug → tiefere Ursachen: **entwürdigende Lebensbedingungen** eines geschundenen, deformierten und isolierten Menschen

Philosophische Lesart

- Kritik an Theorie der **Evolution** und des Fortschritts der Zivilisation (Teleologie): Betonung der Nähe zwischen menschlichem und tierischem Verhalten („vernünftige Viehigkeit" – „viehische Vernunft") → **Blasiertheit** der Menschen bei offenkundig animalischem Verhalten
- Frage nach der Umsetzbarkeit von **Moral:** uneingeschränkte Gültigkeit für jeden Menschen (laut Hauptmann) oder Frage von Vermögen und Stellung (laut Woyzeck) → schichtenspezifische Gebundenheit von Werten
- **Determinismus:** Abhängigkeit menschlicher Handlungen von jeweiligen **Lebensumständen** → keine Möglichkeit für den Einzelnen (v. a. den Niedriggestellten), Lauf der Dinge oder eigenes Leben bewusst zu steuern oder sogar zu verbessern
- Kritik am **Idealismus:** Idee der Selbstbestimmung des Menschen → Wille und Vernunft sollen Gefühle, Bedürfnisse, Triebe beherrschen (mit überlieferter Moral als Leitfaden)
- Gefühl der moralisch-intellektuellen Überlegenheit der Idealisten (Hauptmann, Doctor): keine Akzeptanz anderer Einflüsse (Individualität, Sozialisation, Bildung, Besitz usw.) → Arroganz, Ignoranz und **Unmenschlichkeit**
- Betonung des **Materialismus:** nicht Denken und Handeln gestalten die Lebensbedingungen, sondern die Lebensbedingungen prägen das Denken und Handeln → gesellschaftliche Umstände und Besitzverhältnisse formen den Menschen

Soziologische Lesart

- Starke helfen Schwachen nicht, Starke verachten sich gegenseitig (Hauptmann vs. Doctor), Starke schließen im Zweifel Bündnis gegen Schwache, Schwache betrügen und ermorden sich gegenseitig → **Fehlen des gesellschaftlichen Zusammenhalts**
- kein Schutz durch Hauptmann (Woyzecks Vorgesetzter!): kein Gefühl von Verantwortung für seinen Untergebenen → stattdessen **Abgrenzung nach unten** zum Erhalt der eigenen Position
- Fortführen der Experimente trotz Woyzecks offensichtlicher Krankheit → **Missachten des hippokratischen Eides**, Degradierung des Menschen zum Versuchsobjekt
- Selbstcharakterisierung Woyzecks („Wir arme Leut"/„ich bin ein armer Kerl"): **Bewusstsein des eigenen sozialen Ortes** als bedrückende Erfahrung → aber keine Wut auf den verantwortlichen „Unterdrückungsapparat", sondern auf seine Freundin Marie
- soziale Unterschiede als reine **Äußerlichkeiten** (vgl. 3. Szene: Tiere als Menschen verkleidet): Ungerechtigkeit der gesellschaftlichen Realität, willkürliche Verteilung von Privilegien und Besitz
- dysfunktionale Kommunikation und Sprachlosigkeit: gleichzeitig Symptome und Konsequenzen der **sozialen Spaltung**
- Armut mit all ihren Folgen als „Gift" für zwischenmenschliche Beziehungen und Gesellschaft
- Büchner: „Ich verachte Niemanden, am wenigsten wegen seines Verstandes oder seiner Bildung, weil es in Niemandes Gewalt liegt, kein Dummkopf oder kein Verbrecher zu werden, – weil wir durch gleiche Umstände wohl Alle gleich würden, und weil die Umstände außer uns liegen."

Auf einen Blick

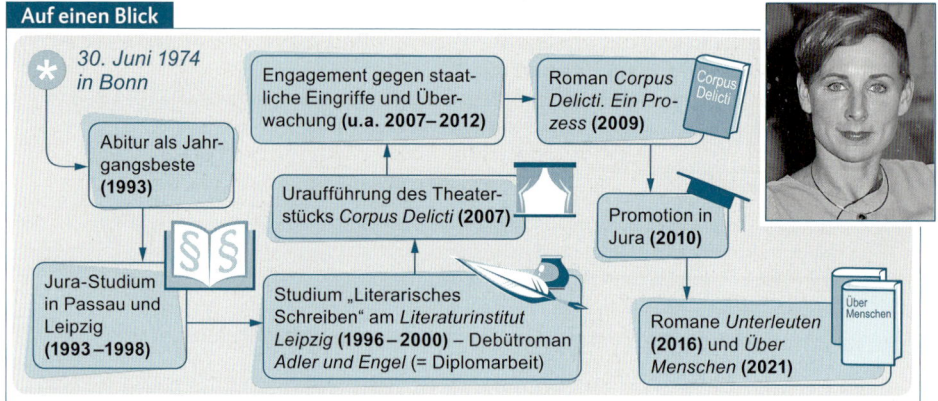

30. Juni 1974 in Bonn

Engagement gegen staatliche Eingriffe und Überwachung (**u.a. 2007–2012**)

Roman *Corpus Delicti. Ein Prozess* (**2009**)

Abitur als Jahrgangsbeste (**1993**)

Uraufführung des Theaterstücks *Corpus Delicti* (**2007**)

Promotion in Jura (**2010**)

Jura-Studium in Passau und Leipzig (**1993–1998**)

Studium „Literarisches Schreiben" am *Literaturinstitut Leipzig* (**1996–2000**) – Debütroman *Adler und Engel* (= Diplomarbeit)

Romane *Unterleuten* (**2016**) und *Über Menschen* (**2021**)

Kindheit und Jugend (1974–1993)

- geboren am 30. Juni 1974 in Bonn
- Vater: Verwaltungswissenschaftlicher (von 2002 bis 2006 Direktor beim Deutschen Bundestag), Mutter: Übersetzerin → **bildungsbürgerlicher Hintergrund**
- Geburt ihres Bruders → Entwicklung einer „ganz extreme[n] Verantwortungsbeziehung" (J. Zeh)
- ab 1984 Besuch der *Otto-Kühne-Schule*, einer Privatschule im Bonner Stadtbezirk Bad Godesberg
- schon als Kind literarische Schreibversuche
- als Jugendliche Sehnsucht, aus der als langweilig empfundenen Stadt Bonn herauszukommen
- **Abitur** im Jahr 1993 mit bestem Notendurchschnitt des Jahrgangs

Studienzeit (1993–2001)

- nach dem Abitur eigentlich Berufswunsch Journalismus, stattdessen aber Jura-Studium (mit Schwerpunkt Völkerrecht), das nach Juli Zeh bessere Aussichten auf eine sichere Existenz bot:
  - in Passau (1993–1995) → Studentenleben mit eher linksgerichteten Freunden und Abgrenzung von den statusorientierten Mitstudenten
  - in Leipzig (1995–1998): Wechsel des Studienorts erlebt sie als „Erweckung" – unter anderem wegen des „Zukunftsoptimismus" und der „Aufbruchsstimmung" dort
  - → Bestehen des **Ersten juristischen Staatsexamens** (1998) mit Bestnote in Sachsen
- Parallel-Studium am renommierten *Deutschen Literaturinstitut Leipzig* (1996), das angehende **Schriftstellerinnen und Schriftsteller ausbildet** – kein Abbruch des Jura-Studiums (wegen Zweifel, ob eine Freiberuflichkeit als Schriftstellerin das Richtige für sie ist)
- Magister-Aufbaustudiengang „Recht der Europäischen Integration" (1999–2001)
- DAAD-Stipendien für ein dreimonatiges Praktikum bei den Vereinten Nationen in New York (1999) und für einen achtmonatigen Aufenthalt in Krakau für ein Osteuropastudium (2000)
- Erwerb des **Diploms** am *Deutschen Literaturinstitut Leipzig* (2000)

Zeit als Schriftstellerin (2001 – heute)

- Veröffentlichung des **Debütromans** *Adler und Engel* (2001), den sie als Diplomarbeit am Literaturinstitut verfasst hatte → Deutscher Bücherpreis in Kategorie „Erfolgreichstes Debüt" (2002)

- ab 2001 juristisches Referendariat → **Zweites juristischen Staatsexamen** (2003)
- verschiedene Reisen (insb. nach Osteuropa), die in ihre literarischen Werke Eingang finden
- Unterstützung der rot-grünen Koalition im Bundestagswahlkampf (2005)
- im Jahr 2007 Umzug nach Barnewitz (brandenburgisches Dorf, Havelland)
- **Uraufführung des Theaterstücks** *Corpus Delicti* bei der RuhrTriennale (2007)
- Einreichen einer Verfassungsbeschwerde beim Bundverfassungsgericht gegen den biometrischen Reisepass (2008) – die Beschwerde wurde aber nicht zur Entscheidung angenommen
- **Veröffentlichung des Romans** *Corpus Delicti. Ein Prozess* (2009), den Zeh auf der Grundlage des Theaterstücks von 2007 verfasst hat
- Mitglied der 13. Bundesversammlung für die SPD bei der Wahl des Bundespräsidenten (2009)
- zusammen mit Ilija Trojanow Veröffentlichung des Buches *Angriff auf die Freiheit* (2009), in dem der „**Sicherheitswahn**" und die zunehmende **Überwachung der Bürger kritisiert** werden
- **Promotion** an der *Universität des Saarlandes* in Saarbrücken (2010) mit ihrer Dissertation *Das Übergangsrecht*, in der sie sich mit den Übergangsverwaltungen im Kosovo und in Bosnien-Herzegowina nach den dortigen Kriegen in den 1990er-Jahren befasst
- Veröffentlichung des Romans *Nullzeit* (2012)
- Verfassen eines **offenen Briefs** an Bundeskanzlerin Angela Merkel, in dem Zeh eine „angemessene Reaktion" auf die **NSA-Affäre** (= Überwachung der Telekommunikation durch die USA und Großbritannien) und eine Offenlegung der **Spähangriffe** fordert
- Verleihung des Thomas-Mann-Preises an Juli Zeh (2013)
- Dozentin der *Frankfurter Poetik-Vorlesungen* (2013), bei denen sie auf humorvolle Weise **leugnet, als Schriftstellerin eine Poetik zu „besitzen"**, und auch die Frage nach der **Schreibintention für unsinnig** erklärt – Veröffentlichung der Vorträge unter dem Titel „Treideln"
- Veröffentlichung des Romans *Unterleuten* (2016)
- Verleihung des **Bundesverdienstkreuzes** an Zeh für ihr demokratisches Engagement (2018)
- Wahl Juli Zehs zur ehrenamtlichen Richterin am Brandenburger Verfassungsgericht (2018)
- Unterzeichnung des Aufrufs von Autorinnen und Autoren zur Beendigung der Grundrechtseingriffe während der Corona-Pandemie (2020)
- Veröffentlichung des **Buches** *Fragen zu Corpus Delicti* (2020)

Leben heute

- verheiratet mit David Finck (ebenfalls ehemaliger Student am *Deutschen Literaturinstitut Leipzig*, heute Autor und Fotograf), Mutter von zwei Kindern
- immer wieder **Beteiligung an politischen Debatten** (beispielsweise in Talkshows)

Werkauswahl

- *Adler und Engel* (2001): Verwicklung des Juristen Max in international angelegte Drogengeschäfte und in die Suche nach einem Passwort, das Informationen über diese Geschäfte schützt
- *Spieltrieb* (2004): Verführung des Sportlehrers Smutek durch die jugendliche Außenseiterin Ada, die unter dem Einfluss des älteren Mitschülers Alev steht, der Smutek daraufhin erpresst
- *Unterleuten* (2016): Entwicklung von Konflikten in einem brandenburgischen Dorf, als in der Nähe ein Windpark errichtet werden soll
- *Über Menschen* (2021): nach ihrem Umzug in ein ostdeutsches Dorf trifft Werbetexterin Dora auf Menschen ganz unterschiedlichen Charakters und in verschiedenen Lebensumständen

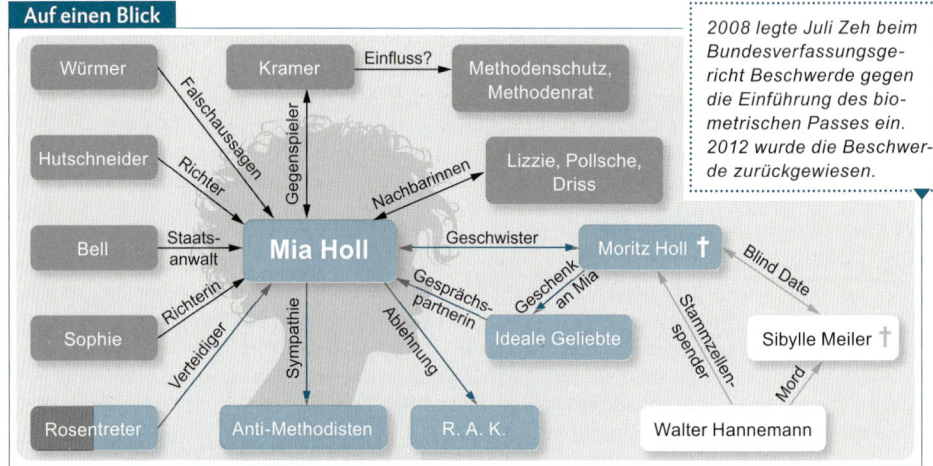

2008 legte Juli Zeh beim Bundesverfassungsgericht Beschwerde gegen die Einführung des biometrischen Passes ein. 2012 wurde die Beschwerde zurückgewiesen.

Kapitel 1 und 2: Zwei Schriftstücke

- *Das Vorwort:* aus Schrift von Heinrich Kramer → **Gesundheit** als höchstes Ziel des Menschen
- *Das Urteil:* **Biologin Mia Holl** zum Einfrieren auf unbestimmte Zeit verurteilt

Kapitel 3 bis 17: Erste Konflikte mit der METHODE

- *Mitten am Tag, in der Mitte des Jahrhunderts:* Verhandlung zwischen **Richterin Sophie**, Staatsanwalt Bell und Rechtsanwalt Rosentreter über Strafen für Gesundheitsverbrecher; Eintreten des Journalisten **Kramer**; Klärungsgespräch mit Mia Holl beschlossen
- *Pfeffer:* Kramer auf dem Weg zu Mia → Begegnung mit drei Nachbarinnen im Treppenhaus
- *Die ideale Geliebte:* Mia erinnert sich (mit dem imaginären idealen Geliebten) an ihren Bruder Moritz
- *Eine hübsche Geste:* Vorwurf Mias an Kramer, er sei an **Moritz' Suizid** im Gefängnis schuld
- <u>*Genetischer Fingerabdruck:*</u> Bericht über Moritz (Vorwurf der Vergewaltigung und des Mordes)
- <u>*Keine verstiegenen Ideologien:*</u> Mia und Kramer über die Sinnhaftigkeit der **METHODE**
- <u>*Durch Plexiglas:*</u> Tausch zwischen Mia und Moritz: **ideale Geliebte** gegen Schnur (für Suizid)
- *Eine besondere Begabung zum Schmerz:* Mias misslungener Versuch, ihre Wohnung zu putzen
- *Bohnendose:* Mias erfolgreiche **Gesundheitsuntersuchung** beim Amtsarzt
- *Saftpresse:* Sophies Hilfsangebot (Betreuung, Kur) von Mia abgelehnt (ihr Schmerz sei privat)
- *Nicht dafür gemacht, verstanden zu werden:* Einblick in Mias **Trauer** und stumme **Qual**
- *Privatangelegenheit:* Zugeständnis von Sophie → **Ruhe** und Zeit für Mia
- <u>*Fell und Hörner, erster Teil:*</u> Moritz' und Mias Gespräch über **Moritz' Liebesleben**
- *Rauch:* Liebesfantasie der Nachbarin Driss über Mia; **Mia beim Rauchen** im Flur entdeckt
- *Keine Güterverhandlung:* Geldstrafe für Mia wegen Rauchens, **Rosentreter** als ihr neuer Anwalt

Kapitel 18 bis 35: Verteidigung und Aufdeckung des Justizskandals um Moritz

- *Ein netter Junge:* Rosentreters Beteuerung, sich für Mia einzusetzen; Anfechtung der Geldstrafe
- *Wächter:* Hilfsangebot der drei Nachbarinnen von Mia abgelehnt
- *In der Kommandozentrale:* Streitgespräch Mia – ideale Geliebte: Sport werde Mia nicht heilen

- *Recht auf Krankheit:* TV-Talk bei Würmer: Kramer über die Entstehung der METHODE als neue Gesellschaftsordnung und über den Irrweg der **Anti-Methodisten**
- *Das Ende vom Fisch:* Streit zwischen Mia und Moritz über **Anpassung** und **Rebellion**
- *Der Hammer:* Mias **Härtefallantrag** abgelehnt; Verurteilung zu zwei Jahren Haft auf Bewährung
- *Which side are you on:* Rosentreters Wille, vor höherer Instanz zu klagen, von Mia akzeptiert
- *Unzulässig:* Rosentreters verbotene Liebe zu einer Frau; Vorhaben: **Moritz' Unschuld** beweisen
- *Schnecken:* Mia spricht über Moritz' Liebe zur Natur und zu den Menschen und über die Heilung seiner Leukämie → Grund für Mias dankbare Anpassung an die METHODE
- *Ambivalenz:* Mias **Verhältnis zu Kramer** zwischen Bewunderung und Ablehnung
- *Ohne zu weinen:* Moritz' Erscheinen bei Mia und sein Bericht über das Auffinden der Leiche
- *Unser Haus:* Nachbarinnen → Zeitungsbericht über Mia beschmutze guten Ruf des Hauses
- *Bedrohung verlangt Wachsamkeit:* Kramers Zeitungsbericht → Moritz als Terrorist
- *Die Zaunreiterin:* Forderung der idealen Geliebten, Mia solle sich gegen Kramers Lügen wehren
- *Fell und Hörner, zweiter Teil:* Moritz' **Ablehnung jeder Ideologie** → Verhaftung am Fluss
- *Das Recht zu schweigen:* **Mia verhaftet** wegen Führen einer methodenfeindlichen Vereinigung
- *Der Härtefall:* Mias Gesinnungsprüfung → ihre Gedanken zum politischen System und zu Revolutionen; Rosentreters Vortrag über Leukämie: Beweis, dass Moritz' Stammzellenspender **Walter Hannemann der wahre Mörder** von Sibylle Meiler ist
- *Das ist die Mia:* Fernsehbericht über den **Justizskandal**: Infragestellen der METHODE durch Mia

Kapitel 36 bis 39: Offene Opposition gegen die METHODE

- *Der größtmögliche Triumph:* Mias Entschluss, sich zu **Methodenfeindlichkeit** zu bekennen
- *Die zweite Kategorie:* Streitgespräch zwischen Mia und Kramer über die Legitimation der METHODE; Mias Aufforderung an Kramer, ihr folgendes Statement schriftlich festzuhalten
- *Wie die Frage lautet:* Mias Absage an die aktuelle Gesellschaft, die auf **falschen Werten** beruht
- *Vertrauensfrage:* Kramers Dank für Mias brisantes Statement; Abschied der idealen Geliebten

Kapitel 40 bis 50: Sieg der METHODE

- *Sofakissen:* erneute Verhaftung Mias durch Methodenschützer
- *Freiheitsstatue:* **Solidarisierung** vieler Menschen mit inhaftierter Mia: Proteste, Medienrummel
- *Der gesunde Menschenverstand:* staatstragende TV-Rede Kramers → Mia als gefährlicher Virus
- *Geruchlos und klar:* Mias Vortrag über Moritz' geistiges Erbe von Kramer per Diktiergerät aufgezeichnet; ihre **Weigerung**, Geständnis zu unterzeichnen, wonach sie und ihr Bruder als Mitglieder der Widerstandszelle *Die Schnecken* Moritz' Tod zu politischen Zwecken inszeniert hätten
- *Würmer:* falsche Zeugenaussage Würmers, Kontakt zur Widerstandszelle gehabt zu haben
- *Keine Liebe der Welt:* neues **Netz aus falschen Beweisen** gegen Mia: sie hätte Vergiftung des Trinkwassers geplant; Aushändigen einer langen Nadel an sie durch Rosentreter
- *Mittelalter:* kein Geständnis von Mia; Tod durch Erfrieren und Folter durch Kramer angedroht
- *›Es‹ regnet:* Leiden Mias an Folgen einer **Elektroschock-Folter**
- *Dünne Luft:* Mia bohrt Nadel in ihren Arm und überreicht Kramer den hervorgeholten Chip
- *Siehe oben:* **Gerichtsverhandlung** unter lauten Protesten → Verurteilung Mias zum Einfrieren
- *Zu Ende:* Einfrieren Mias in letzter Sekunde gestoppt durch Präsidenten des Methodenrats → Unterbringung in **Resozialisierungsanstalt** mit **psychologischer Betreuung**

Auf einen Blick

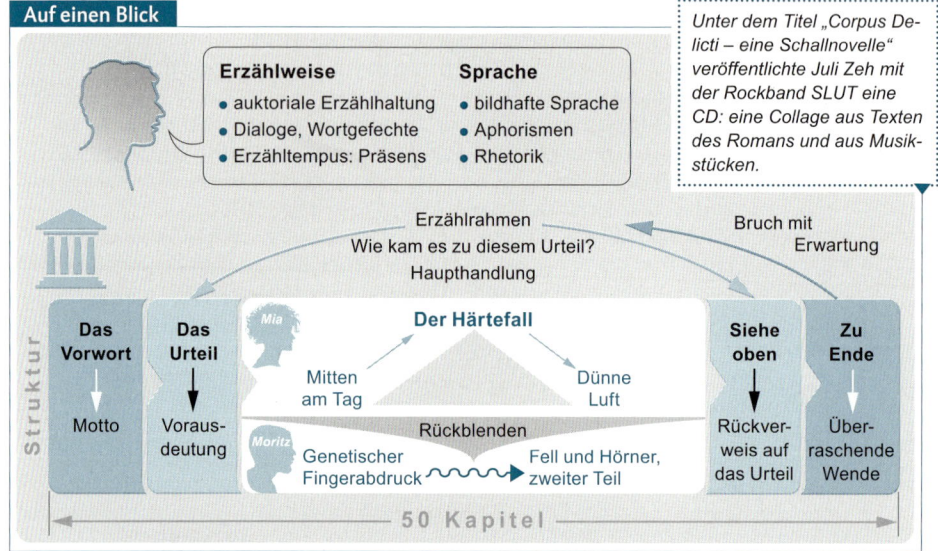

Erzählweise
- auktoriale Erzählhaltung
- Dialoge, Wortgefechte
- Erzähltempus: Präsens

Sprache
- bildhafte Sprache
- Aphorismen
- Rhetorik

Unter dem Titel „Corpus Delicti – eine Schallnovelle" veröffentlichte Juli Zeh mit der Rockband SLUT eine CD: eine Collage aus Texten des Romans und aus Musikstücken.

Aufbau und Struktur

- **50 Kapitel** von sehr unterschiedlicher Länge (ca. 2–16 Seiten)
- Kapitelbenennung: signifikante Wörter/Halbsätze aus dem Kapitel (oder gliedernd: z. B. *Zu Ende*)
- vorangestelltes *Vorwort:* Zitat aus Kramers ideologischer Schrift, außerhalb der erzählten Handlung angesiedelt, Funktion eines **Mottos:** Einstimmung auf Gedankenwelt der METHODE
- *Das Urteil:* scheinbare **Vorwegnahme des Romanendes** als offizielles Dokument, Spannung: Wie kam es zu diesem Urteil? → zusammen mit *Siehe oben:* Bildung des basalen Erzählrahmens
- von *Mitten am Tag, in der Mitte des Jahrhunderts* bis zu *Dünne Luft:* Geschichte darüber, wie es zu Mias Verurteilung kam → in der **Rückschau** und in **chronologischer Reihenfolge** erzählt
- **Höhepunkte** der Handlung: *Der Härtefall* (Niederlage für METHODE: Moritz' Unschuld) und *Wie die Frage lautet* (Mias Wandlung zur Systemgegnerin endgültig vollzogen)
- Erzählung über Mias Verurteilung immer wieder durch <u>Rückblenden</u> (Analepsen) unterbrochen: **Geschichte von Moritz** bzw. des Verhältnisses zwischen Mia und ihrem Bruder
- durch **Verschachtelung** der Erzähl- bzw. Handlungsebenen (Mias Geschichte – Moritz' Geschichte) bessere Beleuchtung der Entwicklung Mias: von der Konformistin zur Systemgegnerin
- Vergleich: Angelschnur bzw. Nadel ins Gefängnis → **Erwartung:** Begeht auch Mia Selbstmord?
- *Zu Ende:* Rückschau beendet, Fortsetzung der Handlung nach Urteilsverkündung: Erwartungen des Lesers nach *Das Urteil* unterlaufen → unerwartete **Schlusswendung**

Erzählweise

- Handlungsort und -zeit: in einer **Gesundheitsdiktatur** um das Jahr **2050**
- zeitliche Einordnung: Moritz seit ca. 4 Wochen tot, als Handlung um Mia einsetzt
- **auktoriales Erzählverhalten:** Erzähler nimmt Leser stark an die Hand (Herstellung von Gemeinschaft durch Wahl der Wir-Form) und macht seinen Wissensvorsprung deutlich

→ „Gehen wir der Einfachheit halber davon aus, dass sie [Mia] an Moritz denkt. Die Wahrscheinlichkeit, dass wir richtig liegen, ist sehr hoch." (S. 79)

- Erzähltempus: Präsens in der Mia-Handlung → **Unmittelbarkeit**, Gefühl des Lesers, die Ereignisse live mitzuerleben
- meist Präteritum als Erzähltempus in Moritz-Kapiteln („Wählen wir für ein paar Minuten die Vergangenheitsform", S. 60) → **Erinnerungscharakter** dieser Kapitel
- personales Erzählverhalten (in der Ich-Form) im Kapitel *Wie die Frage lautet* → Mias finales Bekenntnis zum Widerstand gegen die METHODE dadurch deutlich hervorgehoben
- Kramers Zeitungsartikel über Moritz *(Bedrohung verlangt Wachsamkeit)*: ohne erzählerischen Eingriff abgedruckt → Leser des Romans gleichgestellt mit Zeitungsleser in der erzählten Welt
- **Vielzahl von Dialogen** in direkter Rede: Auseinandersetzungen der Figuren um richtige Verhaltensweisen und um Sinnhaftigkeit der METHODE dialektisch (Rede und Gegenrede) entfaltet → Austauschen unterschiedlicher Argumente und Sichtweisen als **rhetorische Wortgefechte** direkt vor den Augen des Lesers

Sprache und Stil

- nüchtern-schmuckloser Sprachstil und parataktischer Satzbau in den Erzählpartien → einfacher Zugang, **didaktische Ausrichtung** des Romans
- **rhetorische Ausgestaltung** der Dialoge: Vortragscharakter vieler Äußerungen mit dem Ziel, den Gesprächspartner vom eigenen Standpunkt zu überzeugen (v. a. bei Mia, Moritz, Kramer)
- Kramers menschenverachtende und **demagogische Sprache** v. a. aus Bereichen „Hygiene, Krankheit" (z. B. abweichende Gedanken als „Virus") → Nähe zur Wortwahl der NS-Propaganda
- Einsatz von Fremdwörtern und Fachbegriffen aus den Bereichen **Justiz**, **Medizin** und **politischer Philosophie** → Ernsthaftigkeit des Diskurses
- staatliche Medien: TV-Show WAS ALLE DENKEN und Zeitung DER GESUNDE MENSCHEN-VERSTAND: Anspruch auf Allgemeingültigkeit und Verbindlichkeit sprachlich festgehalten
- „Santé" (frz., „Gesundheit") als Grußformel: Gesundheitswahn in Alltagssprache integriert
- Charakterisierung durch sprechende Namen: z. B. Kramer (Suche nach Geheimnissen), Würmer (Unterordnung, Gehorsam)
- **bildhafte Sprache:** Vielzahl von Vergleichen und Metaphern → lebendige Charakterisierung des Verhaltens und des Innenlebens der Figuren (z. B. Mia als „Zaunreiterin")
- **Aphorismen:** kurze Sätze, die losgelöst vom Kontext vermeintliche Lebensweisheit ausdrücken und im Text Meinung der Figuren darstellen (z. B.: „Um frei denken zu können, muss sich der Mensch vom Tod abwenden", S. 94) → fordern den Leser zur Auseinandersetzung auf
- Abstammung des Romans von einem Theaterstück sprachlich noch klar erkennbar: **Szenenhaftigkeit** vieler Kapitel v. a. durch lange Dialoge und schnelle Wechselreden

Gattungszugehörigkeit

- **dystopischer Science-Fiction-Roman:** düstere Zukunftsvision der Gesellschaft, in der die technisch-wissenschaftlichen Neuerungen zur Unterdrückung der Menschen eingesetzt werden
- **Kriminalgeschichte:** Verbrechen im Mittelpunkt der Handlung → Mord an Sibylle Meiler und Verstrickung von Moritz Holl eng verknüpft mit der Frage nach der Legitimation der METHODE
- **Gerichtsdrama:** Nähe des Textes zum Theater, Haupthandlung in Gerichtssälen angesiedelt
- **Entwicklungsroman:** Mias Weg von der systemkonformen Musterbürgerin zur rebellischen Widerständlerin als Akt der intellektuellen und emotionalen Reifung

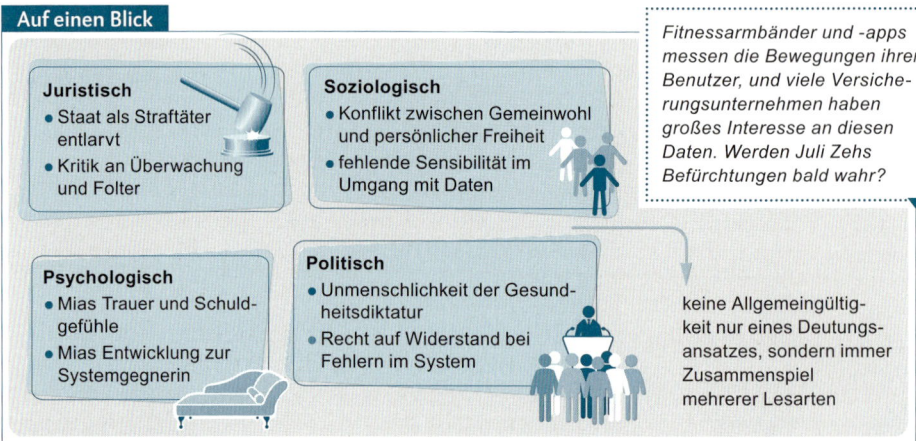

Auf einen Blick

Juristisch
- Staat als Straftäter entlarvt
- Kritik an Überwachung und Folter

Soziologisch
- Konflikt zwischen Gemeinwohl und persönlicher Freiheit
- fehlende Sensibilität im Umgang mit Daten

Fitnessarmbänder und -apps messen die Bewegungen ihrer Benutzer, und viele Versicherungsunternehmen haben großes Interesse an diesen Daten. Werden Juli Zehs Befürchtungen bald wahr?

Psychologisch
- Mias Trauer und Schuldgefühle
- Mias Entwicklung zur Systemgegnerin

Politisch
- Unmenschlichkeit der Gesundheitsdiktatur
- Recht auf Widerstand bei Fehlern im System

keine Allgemeingültigkeit nur eines Deutungsansatzes, sondern immer Zusammenspiel mehrerer Lesarten

Juristische Lesart

- Corpus Delicti = in der Rechtssprache ein Gegenstand, mit dem eine Straftat begangen wurde → überragende **Bedeutung des Körpers** für die METHODE
- Richterin Sophie → Anhängerin der METHODE, akribisch, jedoch abgesetzt wegen Befangenheit
- Verteidiger Rosentreter → systemkritisch und liberal: **Gerichtsprozess als Theater** und Spiel
- Richter Hutschneider → von Mias Prozess überfordert, deswegen überaus gehorsam und streng
- Justiz in der Hand politischer Entscheidungsträger: Einfluss des Journalisten Kramer und des Methodenrats → **keine Unabhängigkeit der Justiz**, keine Gewaltenteilung
- falsche Beweise gegen Mia von staatlicher Seite aus, Mia zur Täterin gemacht: Würmer als falscher Zeuge, erfundene Terrororganisation *Schnecken* → **Staat als Straftäter**
- **Überwachung** durch Justiz und Bestrafung bei Fehlverhalten: Ganzkörperaufnahmen, sportliches Leistungsprofil, Schlaf- und Ernährungsbericht, Blut- und Urinproben, Chip im Körper
- DNA-Test in Moritz' Prozess trügerisch → keine Unfehlbarkeit naturwissenschaftlicher Methoden
- Autor des Buchs *Hexenhammer* von 1487 heißt Heinrich Kramer, Folterung der „Hexe" Mia: **Projektion mittelalterlicher (Rechts-)Verhältnisse** in eine fiktive Zukunft → Grausamkeit als epochenübergreifendes Merkmal der menschlichen Natur

Psychologische Lesart

- Mia früher: **rational**, von Beruf Biologin, ohne Interesse an Menschen oder an Liebe, **angepasst** aus Dankbarkeit für die Hilfe der METHODE bei Moritz' Heilung von Leukämie
- **Geschwisterbeziehung** Moritz – Mia: gegenläufige Ansichten → Moritz als romantischer Träumer, lustiger Rebell und Poet – Mia als spöttische und kalte Realistin
- **Trauer** um Moritz und **Schuldgefühle** nach dessen Suizid (Angelschnur!): Mias Leben aus den Fugen → Beginn der staatlichen Intervention, **Einmischung in Mias Privatleben**
- Mia von Moritz' Unschuld überzeugt → Verlangen nach **Gerechtigkeit**
- Mias Entwicklung während der Trauerarbeit: zunehmend kritischer und kämpferischer → Ansporn zum Rebellieren durch die **ideale Geliebte** (= Moritz' Sprachrohr)
- Mias „Selbstgespräche" mit idealer Geliebten auch als **geistige Verwirrung** deutbar

- Mias persönliches Unglück und ihr psychischer Zustand zur öffentlichen **Staatsaffäre** und zur Bewährungsprobe für die METHODE erhoben
- entscheidender Einschnitt für Mias Entwicklung: Rosentreters Beweis, dass Moritz unschuldig ist → von da an **keine Selbstzweifel mehr**, selbstsicheres Eintreten für ihre Ansichten
- **Mias Standhaftigkeit:** kein falsches Geständnis, Ertragen von Folter, Bereitschaft zum Tod → **Verlust ihrer Stärke** durch überraschende Begnadigung und **Entmündigung**

Soziologische Lesart

- staatlich regulierte Zuordnung der Partner nach Immunsystemen (zum Erhalt gesunder DNA) → massive **Einschränkung der freien Partnerwahl**, Ähnlichkeit zur **NS-Rassenhygiene**
- gesellschaftlicher Umgang mit Krankheit in der METHODE: Krankheit als historisches Phänomen und unzulässige Abweichung → **Verklärung der Gesundheit** zum Religionsersatz, zur Staatsideologie, zum sichtbar gewordenen Willen und zur Bereitschaft zur Höchstleistung
- **Unmenschlichkeit** der rein auf Vernunft fixierten METHODE → Ignorieren von Gefühlen, von Liebe, von Affekten und von individuellen Eigenschaften
- Kritik am Staat: Vorschieben von Sicherheitsbedenken zur **Beschneidung der Freiheitsrechte der Bürger** → in Wahrheit: Streben nach mehr Kontrolle und Überwachung
- Kritik an den Bürgern: **allzu großer Gehorsam** gegenüber dem Staat, gutgläubige **Preisgabe von persönlichen Daten** → mehr Engagement, Sensibilität und Zivilcourage nötig
- **Rolle der Medien** in der METHODE: Staatspropaganda → **keine Meinungspluralität**
- Kramers **Populismus**, **Demagogie** und **Fanatismus** in seiner Rolle als Topjournalist und Chefideologe der METHODE (Kramer als geheimes Staatsoberhaupt? vgl. Kapitel *Zu Ende*)
- Mias Nachbarinnen (außer Driss) als personifiziertes **Mitläufertum**, als Opportunisten

Politische Lesart

- Staatsform in *Corpus Delicti*: Gesundheitsdiktatur → **totalitärer Überwachungsstaat**
- „Übereinstimmung von allgemeinem und persönlichem Wohl" von Kramer als Ziel definiert (S. 87) → **heuchlerische Doktrin**, denn Entscheidung, was „Wohl" ist, fällt die METHODE
- körperliche Gesundheit zum höchsten politischen Wert deklariert (Kramer: „[d]as Störungsfreie, Fehlerlose, Funktionierende", S. 181) → **keine Toleranz** für Schwäche, Fehler, Individualität
- verschiedene Weltbilder – verschiedene politische Auffassungen:
  - historische Legitimierung der METHODE durch Kramer (vgl. S. 88 f.): nach zwei Weltkriegen → **Entideologisierung** → Einsamkeit, Werteverfall → Unsicherheit, Angst: Geburtenrückgang, Krankheiten, Terror → METHODE = **neues Sinnangebot**
  - Moritz' Philosophie der Liebe (vgl. S. 26 f.): Zerstörung des göttlichen Weltbildes durch Naturwissenschaften → Mensch im Zentrum ohne neue Orientierung → **Liebe als Leitbild** und als Sammelbegriff für Freiheit, Naturverbundenheit und Pluralismus
  - Mias Staatsverständnis (vgl. S. 158 ff.): Abgrenzung von sinnlosen Revolutionen, Staat nur auf eine Weise legitimierbar: durch bestmögliche Unterstützung bei „natürliche[m] Streben der Menschen nach Leben und Glück" (S. 161) → ansonsten **Recht auf Widerstand**
- Mobilisierung von **Systemgegnern** durch Mias Fall:
  - radikale R.A.K. („Recht auf Krankheit", vgl. RAF): **Gewalt gegen Unschuldige** → Berufung auf Mia als Symbolfigur, entschiedene Ablehnung dieser Vereinnahmung durch Mia
  - **gewaltlose Proteste** und Demonstrationen der wachsenden Anzahl der Anti-Methodisten
  - **offenes Ende** des Romans: Erfolge der Systemgegner oder endgültiger Sieg der METHODE?

Merkmale des offenen Dramas:
- keine Einheit von Ort, Zeit und Handlung
- lockere Komposition
- verschiedene Stände
- natürliche Sprache

aber: stimmiges Gesamtgeschehen, motivische Verklammerungen

offene Dramenform(?)

Georg Büchner

Woyzeck

Seine Abneigung gegenüber dem Idealisten Schiller äußert Büchner in einem Brief an die Familie: „[I]ch halte viel auf Goethe oder Shakespeare, aber sehr wenig auf Schiller."

realistisches Schreibideal

Abbildung des Wirklichen im Drama:
- Dramendichter als „Geschichtsschreiber"
- lebendige, lebensnahe Figuren ermöglichen erst emotionale Reaktion beim Publikum
- Abgrenzung zum Idealismus

Die Form von Büchners Drama

- *Woyzeck* galt lange Zeit als **Musterbeispiel eines offenen Dramas:**
  - revolutionäre **Aufhebung** der aristotelischen Einheiten von **Ort, Zeit und Handlung**
  - **lockere Komposition** der Szenen → Möglichkeit, die Reihenfolge einzelner Szenen zu ändern (daher z. T. auch Einordnung als „Stationendrama", u. a. wegen der vielen Ortswechsel)
  - keine Beachtung der Ständeklausel (Auftreten von Figuren verschiedener Schichten)
  - **natürliche Sprache** anstatt gehobener Kunstsprache; Stilmischung
- **Argumente gegen die Einordnung** von *Woyzeck* als **offenes Drama:**
  - stimmiges Gesamtgeschehen: Handlung um Woyzecks zunehmende Psychose im Zusammenspiel mit der Affäre zwischen Marie und Tambourmajor als sich **steigerndes Element**
  - **Verklammerung** der Szenen durch Motive (z. B. „Messer" und „schneiden", „heiß" und „kalt", Farben Schwarz und Rot) → bedrohliche **Atmosphäre**, **Vorausdeutung** auf Ende

Büchners Realismus

- *Woyzeck* als **soziales Drama**, das einem **realistischen Schreiben** (d. h. der Abbildung des Wirklichen) verpflichtet ist
- Büchners **Brief an die Familie** vom **28. Juli 1835**, der sich eigentlich auf sein Drama *Dantons Tod* bezieht, als wichtige Quelle für seine Vorstellung vom realistischen Drama:
  - der dramatische Dichter als **„Geschichtsschreiber"**, der „uns die Geschichte zum zweiten Mal erschafft", und zwar in lebendiger Form
  - Anspruch der **bestmöglichen Annäherung an die Geschichte** („Sein Buch darf weder sittlicher noch unsittlicher sein als die Geschichte selbst")
  - Ziel, Realität auch sprachlich genau abzubilden (u. a. daher kein Verzicht auf derbe Sprache)
  - Dichter **nicht als moralische Instanz** („kein Lehrer der Moral") – gleichwohl Möglichkeit, aus dem dargebotenen Stück zu lernen (wie sich auch „aus dem Studium der Geschichte und der Beobachtung dessen, was im menschlichen Leben […] vorgeht", etwas lernen lasse)
  - Ablehnung der Forderung, „der Dichter müsse die Welt nicht zeigen, wie sie ist, sondern wie sie sein solle"
  - Positionierung **gegen die „Idealdichter"** (gemeint sind Dichter des Idealismus wie Friedrich Schiller), die „nichts als Marionetten mit himmelblauen Nasen und affektiertem Pathos, aber **nicht Menschen von Fleisch und Blut"** geschaffen hätten
  - **beabsichtigte Wirkung des Mitempfindens** beim Publikum nur durch realistische Figurenanlage erreichbar → nur so könne deren Handeln „mir Abscheu oder Bewunderung" einflößen

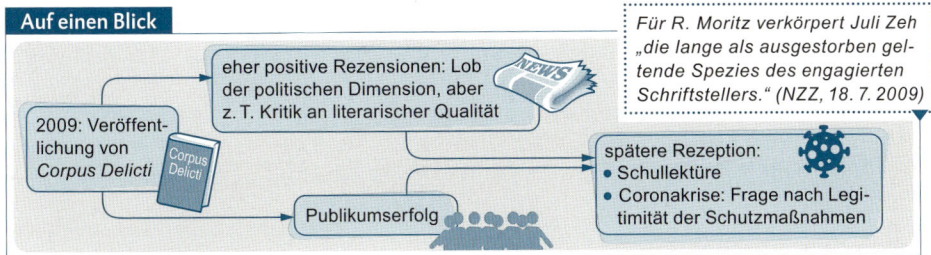

Auf einen Blick

2009: Veröffentlichung von *Corpus Delicti*

eher positive Rezensionen: Lob der politischen Dimension, aber z. T. Kritik an literarischer Qualität

Für R. Moritz verkörpert Juli Zeh „die lange als ausgestorben geltende Spezies des engagierten Schriftstellers." (NZZ, 18. 7. 2009)

Publikumserfolg

spätere Rezeption:
● Schullektüre
● Coronakrise: Frage nach Legitimität der Schutzmaßnahmen

Rezeption des Romans

- zeitnahes Erscheinen von Rezensionen nach Romanveröffentlichung, auch in großen Zeitungen
- großer Publikumserfolg (über eine halbe Million verkaufte Exemplare)
- bei Lesungen häufig politische Diskussionen mit dem Publikum
- **Tendenz zu positiven Urteilen im Feuilleton:** Lob v. a. in Bezug auf die **politische Dimension** des Romans, Ablehnung eher hinsichtlich seiner **Form** (Sprache, Figurenzeichnung etc.), zuweilen aber auch wegen des „erhobenen Zeigefingers"
- Urteile zum Roman oft verbunden mit Hinweisen auf die **Person der Autorin** und v. a. auf ihr **politisches Engagement**, von der auch ihre öffentliche Präsenz (Talkshows, offene Briefe, Vorlesungen, Verfassungsbeschwerde) zeugt → Ruf der „Mahnerin und Warnerin" (FAZ, 2. 6. 2020)
- in den Jahren nach Veröffentlichung zunehmend literaturwissenschaftliche Rezeption: u. a. philosophische (z. B. mit G. Agamben) oder gattungsgeschichtliche (→ Dystopie) Kontextualisierung
- seit mehreren Jahren immer wieder verpflichtende Abi-Lektüre in verschiedenen Bundesländern
- erneute Rezeption im Rahmen der Coronakrise und des Engagements Juli Zehs gegen die Eingriffe in die **bürgerlichen Freiheitsrechte** durch Coronamaßnahmen

„Selbstrezeption" und Weiterverarbeitung

- Zusammenarbeit Zehs mit Rockband *Slut*: Komposition von Songs und Einbau von Textstücken aus *Corpus Delicti* → gemeinsame Tournee und CD *Corpus Delicti – Eine Schallnovelle* (2010)
- *Fragen zu Corpus Delicti* (2020): Auseinandersetzung Juli Zehs mit dem eigenen Roman in einer Art **fiktivem Selbst-Interview** → Erläuterungen u. a. zu Entstehungsgeschichte, politischer Ebene, Gattungsfragen, Rezeption und Biografie

Zitate aus Rezensionen

- „Brillant ist dieser Roman als Kritik der hygienischen Vernunft [...]." (W. Höbel, DER SPIEGEL, 20. 2. 2009)
- „Mit ihrer negativen Utopie *Corpus Delicti* rührt Juli Zeh an den Nerv unserer zutiefst verängstigten Gesellschaft." (Chr. Geyer-Hindemith, FAZ, 28. 2. 2009)
- „Juli Zeh will nicht den Ökoterror aus dem Faschismus herleiten, sondern einer körperfixierten Gesellschaft die Augen öffnen, die aus Stolz auf den historischen Sieg der Demokratie blind ist für das Fortwirken des Totalitären." (E. Finger, ZEIT ONLINE, 26. 2. 2009)
- „Und die Figuren bleiben steril, als hätten sie mit Desinfektionsmittel gegurgelt." (Chr. Schmidt, SZ, 14. 3. 2009)
- „Juli Zeh hat keine überzeugenden Mittel gefunden, ihre bedenkenswerten Botschaften formal adäquat zu gestalten." (R. Moritz, NZZ, 18. 7. 2009)

Auf einen Blick

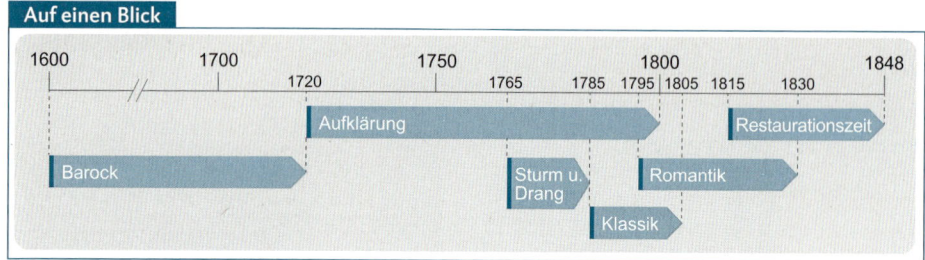

Barock (ca. 1600–1720)

- Hintergründe: Entwicklung der modernen Wissenschaften; Aufblühen des Humanismus; Absolutismus mit extremen sozialen Spannungen; große Religiosität und Religionskonflikte; **Dreißigjähriger Krieg** mit verheerenden Auswirkungen
- **Vanitas** (lat. leerer Schein, Nichtigkeit, Eitelkeit) als Zentralmotiv → **Memento mori** (lat. Gedenke des Todes): Abkehr von der Welt / Konzentration auf das Jenseits oder **Carpe diem** (lat. Genieße den Tag): Genuss des flüchtigen Moments → Streben nach Ordnung in Form und Inhalt
- starkes Formbewusstsein, **Dominanz geregelter Formen** (z. B. **Sonett** mit Alexandriner, um antithetisches Denken auszudrücken); **Regelpoetik:** poetisches Schreiben ausgehend von Regeln
- Lyrik als dominierende Gattung, aber auch Drama (Tragödien mit mythologischen Stoffen) und Epik (v. a. Schäfer- und Schelmenroman)
- vorherrschende Themen: **Krieg**, **Tod**, **Vergänglichkeit**, Religion und Scheinwelt

Aufklärung (ca. 1720–1800)

- Hintergründe: (aufgeklärter) Absolutismus; Säkularisierung und Deismus (rationaler Zugang zu Gott); Aufstieg des Bürgertums
- Orientierung an der menschlichen **Vernunft** → distanziertes Verhältnis zu Emotionen → **Empfindsamkeit** mit Aufwertung des Gefühls **als Gegenbewegung**
- **autonomes Individuum** mit Menschenrechten im Zentrum → **Toleranz** als zentraler Wert
- Themen: Ständekritik, Toleranz, Bildung, **Humanität**, **Erkenntnisfähigkeit** des Menschen
- Stilideal der **Klarheit und Verständlichkeit**
- **lehrhafte Kurzformen** der fiktionalen Literatur: Fabel, Parabel, Lehrgedicht, Epigramm, Ode und Fortsetzungsroman → Literatur soll nützlich sein

Sturm und Drang (ca. 1765–1785)

- Hintergründe: große soziale Ungerechtigkeit; absolutistische Machtpolitik und Fürstenwillkür → Aufbegehren der jungen Generation
- **starker Subjektivismus** mit Mensch als erlebendem und empfindendem Subjekt im Mittelpunkt → **Gefühlskult und Aufbruchsstimmung**
- Aufwertung der Emotionalität als **Gegenbewegung zum Rationalismus der Aufklärung**
- jugendliche **Protestbewegung**, die Fürstenwillkür, soziale Ungleichheit, materielle Not und rigide Moralvorstellungen anprangert
- Autonomie des Künstlers und seines Kunstwerkes → **Geniekult**, **Schöpfergedanke**
- Abkehr von Regelpoetiken → **Leidenschaftlichkeit der Sprache:** Ausrufe, Hyperbeln, Metaphern, Kraftausdrücke und Neologismen

- Themen: **Herz**, Natur, Freundschaft, **Liebe**, **Freiheit**, politischer Widerstand, Gerechtigkeit
- **Erlebnislyrik:** Wiedergabe der unmittelbaren Empfindungen des lyrischen Ich in freien Rhythmen, reimlosen Versen und hohem Pathos, aber auch in Einfachheit des Volkslieds
- freiere Formen (z. B. offenes Dramas); Briefroman zur Ausgestaltung individuellen Erlebens

Klassik (ca. 1786 – 1805)

- Hintergründe: Französische Revolution mit Terrorherrschaft; „Musenhof" unter Herzogin Anna Amalia in **Weimar** (Zusammenarbeit von **Goethe und Schiller**)
- Leitgedanken: **Harmonie**, Ausgleich der Gegensätze, **Würde**, **Humanität**, Toleranz, Selbstbestimmung, Beherrschung und Mäßigung (*Edle Einfalt, stille Größe*)
- **Ideal des Guten, Wahren und Schönen** → Forderung nach ethischer Vervollkommnung durch Orientierung an der Antike → **Erziehung des Menschen** als Aufgabe der Kunst
- überzeitliches **Humanitätsideal** → historische Umstände, Alltagssprache oder politisches Ideal spielen keine Rolle → Vorwurf an Klassik, bestehende Verhältnisse zu stützen
- Themen: Humanität, **Freiheitsidee, Harmonie von Pflicht und Neigung**
- Ideal der **Formstrenge:** harmonische Verbindung von Inhalt, Sprache und Aufbau
- Lyrik: klassische Formen (z. B. Elegien und Epigramme); Drama: metrisch gebundene Sprache, hoher Stil, geschlossene Form, historische/antike Stoffe; Epik: Bildungsroman

Romantik (ca. 1795 – 1830)

- Hintergründe: Französische Revolution mit Terrorherrschaft; zunehmendes Nationalbewusstsein durch Kriege gegen Napoleon
- Idee der Abhängigkeit des Menschen von einem Absoluten oder Unendlichen → Wiederannäherung an religiöse Denkformen → Poesie als Medium des Absoluten (**Universalpoesie**, in der alle Gattungen und Künste vereint sind) → Streben nach **Gesamtkunstwerk**
- Blick nach innen → „Blaue Blume" als Symbol für metaphysische **Sehnsucht nach dem Fernen und Unerreichbaren** sowie den eigentlichen Seinszusammenhängen
- Themen und Motive: Natur als Bereich des Unendlichen, **Sehnsucht, Traum, Wahnsinn**, Entgrenzung, Einsamkeit, Vergänglichkeit, Reisen, Wandern, Nacht, Fantastisches
- Idealisierung des Mittelalters und aufkommendes Nationalbewusstsein → Interesse an Volksdichtung, z. B. **Volkslied, Märchen** → leichte Verständlichkeit, Wohlklang, „musikalische" Sprache
- Anschreiben **gegen Philistertum und Bürgerlichkeit**
- „**romantische Ironie**": Aufzeigen der Unerreichbarkeit des Absoluten durch Texte, die sich selbst und ihre Entstehungsbedingungen reflektieren oder kommentieren
- Roman als universale Form, in der Lyrik enthalten ist (kaum Dramen)

Restaurationszeit (ca. 1815 – 1848)

- Hintergründe: Wiener Kongress 1815 und Restaurationspolitik; **Märzrevolution** 1848 – zunehmende Einschränkung der Freiheit, Zensur → verschiedene Strömungen: **Biedermeier** (Resignation, Rückzug ins Private), **Vormärz** und **Junges Deutschland** (politisches Aufbegehren)
- rationale Haltung und Orientierung an Fakten → Abkehr von der Romantik
- Themen des Biedermeier: **Familie, Ordnung, Beschaulichkeit**, Idylle → **heile poetische Welt**
- Themen des Vormärz und des Jungen Deutschlands: **soziale und politische Missstände** → **Kampf gegen soziales Elend und Unterdrückung** als Aufgabe der Literatur
- Veröffentlichungen in Zeitungen und Zeitschriften → vorwiegend kleinere literarische Formen

Auf einen Blick

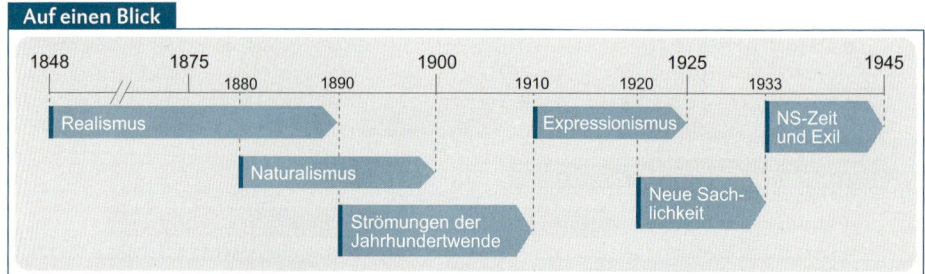

Realismus (ca. 1848–1890)

- Hintergründe: Scheitern der Revolution von 1848; Gründung des Deutschen Kaiserreichs 1871 → preußischer Militarismus; Bürgertum als führende Schicht; Verschärfung der Sozialen Frage durch Industrialisierung; Verstädterung → **Orientierungslosigkeit** durch Verlust von Normen
- **„objektive" Schilderung** der unmittelbaren Lebenswelt, aber **Ausklammerung des Hässlichen/Niederen** sowie der Sozialen Frage → **Poetisierung** der Wirklichkeit
- Bürgertum als tragende Schicht → Darstellung **bürgerlicher Milieus und Ideale**, aber auch **historischer Stoffe** mit überzeitlichem Geltungsanspruch → Streben nach Nationalliteratur
- Themen: **Liebe, Vergänglichkeit, Heimat, Naturerleben**
- Entstehung eines Literaturmarktes → Verbreiterung der Leserschaft → **Unterhaltungsliteratur**
- Roman und Novelle als zentrale Gattungen; in der Lyrik v. a. Balladen
- Stil: gewählte, **neutrale Sprache; Humor und Ironie**

Naturalismus (ca. 1880–1900)

- Hintergründe: **Milieutheorie = Mensch als Produkt der ihn umgebenden Verhältnisse:** Vererbung, Milieu, historische Umstände; **Industrialisierung und Proletarisierung** → Verschärfung der Sozialen Frage, Anwachsen der Großstädte zu Metropolen
- **radikalisierter, konsequenter Realismus** mit Wegfall der verklärenden Poetisierung → Blick auf **hässliche Wirklichkeit sozialen Elends** und Kritik an sozialen Verhältnissen
- „Kunst = Natur – X" (A. Holz): **möglichst Entsprechung von Kunst und Natur**, Faktor X (Autor und seine Subjektivität) soll möglichst klein sein
- Themen: **Armenmilieus, Familienprobleme** unterer Schichten, **Doppelmoral, Großstadt**, dunkle und hässliche Seiten des Lebens, Kriminalität, Geisteskrankheit, Alkoholismus
- **sozialkritisches Drama** als bedeutendste Gattung
- präzises Beobachten, **Sekundenstil** (Erzählzeit = erzählter Zeit), natürliche Sprache (z. B. Dialekt)

Strömungen der Jahrhundertwende (ca. 1890–1910)

- Hintergründe: Infragestellen der Selbstbestimmtheit des Menschen durch die **Psychoanalyse**; starrer Wilhelminismus → Entstehung eines grundlegenden **Krisenbewusstseins** → Strömungen des **Impressionismus und Symbolismus** als Weg nach innen mit quasireligiöser Aufladung
- Idee einer reinen, sich selbst genügenden Kunst („l'art pour l'art") als **Gegenströmung zum Naturalismus** → **keine politische Funktion der Kunst**, sondern Flucht in eine Gegenwelt
- Träger: großbürgerliche Bohème, die sich in Kaffeehäusern selbst feiert
- **Impressionismus:** Wiedergabe eines subjektiven Sinneseindrucks mit höchster Intensität

- **Symbolismus:** Absolutheitsanspruch der Kunst, gegen Abbildungsfunktion der Kunst gerichtet
- Themen: **Abgrenzung zum naturalistischen Erfassen** der Realität, Besinnung auf das „Ich", Individualität, Subjektivität, Sprache, Kultur, Vergänglichkeit
- kürzere, zum Teil auch experimentelle Formen; **symbolische Verdichtung, Verfeinerung der Sprache**, Auflösung traditioneller Formen, **Bewusstseinsstrom**, innerer Monolog, erlebte Rede

Expressionismus (ca. 1910 – 1925)

- Hintergründe: **Verstädterung** und Anonymisierung, technischer Fortschritt, erstarrte wilhelminische Gesellschaft → verschärftes Krisenbewusstsein, **Sinnkrise**, Erster Weltkrieg
- Pathos des Aufbruchs und unbedingter Wille zum **Ausdruck des Erlebens**
- Bedrohung des Subjekts durch **Ich-Zerfall** → Darstellung des Körpers in Verfallszuständen
- pathetische **Beschwörung eines neuen Menschen**, der Liebe und Verbrüderung lebt („**O-Mensch!"-Expressionismus**)
- **Großstadt** (v. a. Berlin) als Ort der Reizüberflutung, Orientierungslosigkeit und Anonymität
- Erfahrung der Verhältnisse des Kaiserreichs als verkrustet → **Kriegsbegeisterung** bei einigen Autoren – nach Kriegserfahrung häufig **Pazifismus** und Verarbeitung der Erlebnisse
- Themen: Lebens- und Vitalkult, **Krieg** und Pazifismus, **Weltende und Apokalypse**, Krise des Ich, Tabus (Ästhetik des Hässlichen: Geisteskrankheit, Prostitution, Verbrechen), **Großstadt**
- **Lyrik** als präsenteste Gattung → **Reihungsstil**, elliptische Konstruktionen, Neologismen, Farbmetaphorik, Auflösung syntaktischer Regeln, Verdinglichung
- Dramatik: **Stationendrama** (lose Szenenfolge), **Wandlungsdrama** (Wandlung eines Einzelnen)

Neue Sachlichkeit (ca. 1920 – 1933)

- Hintergründe: von vielen abgelehnte Weimarer Republik; wirtschaftliche Schwierigkeiten aufgrund von Reparationslasten; „Goldene Zwanziger" mit kultureller Vielfalt
- dezidierte **Abkehr vom Expressionismus** und Hinwendung zur **Lebensrealität** mit ihren sozialen und wirtschaftlichen Verhältnissen und zum **sachlich-nüchternen Schreiben**
- Bewusstsein von Desillusionierung und Übergang in eine neue Zeit (Schwellenzeit-Gefühl)
- Themen: Großstadt, Verarbeitung des Kriegs, **Probleme der „kleinen Leute"**, Alltagsleben
- **Gesellschafts- und Zeitromane**, Dokumentartheater und **Episches Theater**
- Mischung von **journalistischen, dokumentarischen und literarischen Anteilen** → kühl-distanzierte, **einfache, verständliche Sprache**

NS-Zeit und Exil (1933 – 1945)

- Hintergründe: **nationalsozialistische Herrschaft** mit totalitärer Durchdringung des gesamten Lebens → **„Gleichschaltung"** der Kunst und Literatur durch Bücherverbrennung, Verfolgung und Zensur; **Zweiter Weltkrieg**, Erfahrung des Exils → Freitod zahlreicher Autoren
- **NS-Literatur:** regimekonform; **Gestaltung ideologischer Motive** wie Rasse, Führertum, Deutschtum, Kampf, Gewalt, Blut-und-Boden-Ideologie → stereotype Metaphern
- **innere Emigration: getarntes Schreiben** als geistige Opposition gegen Ungeist des NS-Regimes → gehobene, oft verschlüsselte Sprache; Schreiben in europäisch-humanistischer Tradition
- **Exilliteratur:** Humanität, Opposition zur NS-Ideologie, Zeigen des „anderen" Deutschlands
- Roman vorherrschende Gattung (Reflexion der eigenen Situation), Drama nur Nebenrolle (Ausnahme: Bertolt Brecht), Verarbeitung der emotionalen Situation in der Lyrik
- Abkehr vom Stil des Expressionismus → Bevorzugung traditioneller Formen

Auf einen Blick

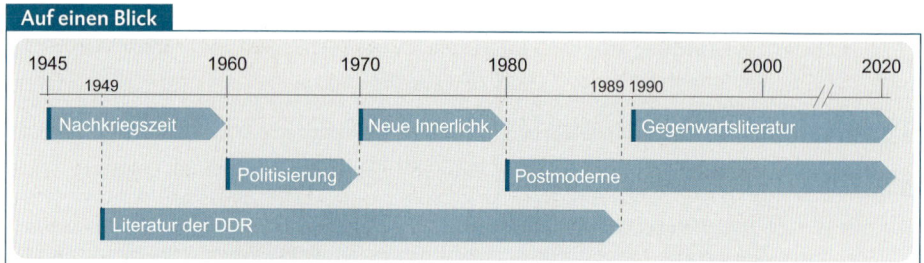

Literatur der Nachkriegszeit und des Wiederaufbaus (1945 – ca. 1960)

- Hintergründe: Ende des Zweiten Weltkriegs; **Welt in Trümmern**; „Stunde Null"; Aufteilung Deutschlands in vier Besatzungszonen; **Wiederaufbau**; Gründung der Bundesrepublik und der DDR; „Kalter Krieg"; Wirtschaftswunder; Scham, Schuld, Verdrängung angesichts der NS-Zeit
- **„Trümmerliteratur"**: Betonung der Traumatisierung durch Krieg und Zerstörung
- **„Literatur des Kahlschlags"**: Betonung des Neubeginns wegen Belastung der Sprache durch Missbrauch im NS-System → Frage, inwieweit Dichtung nach NS-Verbrechen noch möglich ist
- Themen: Schrecken des Kriegs, **Heimkehr**, Orientierungslosigkeit, Schuld, Scham, Klage und Anklage, Versuch der **Aufarbeitung der Vergangenheit**
- Aufkommen der **Kurzgeschichte**, zeitkritische Dramen, oft hermetische Lyrik mit schwer verständlichen Chiffren oder konkrete Poesie als sprachexperimentelle Lyrik
- Stilideal der **Nüchternheit**, Verzicht auf Pathos → **schmucklos-karge Sprache**, indirekte Ausdrucksformen (Parabeln, Chiffren, Gleichnisse)

Politisierung der Literatur (1960er-Jahre)

- Hintergründe: existenzielle Bedrohung durch „Kalten Krieg" → **Angst vor einem Atomkrieg**; Vietnamkrieg → Distanzierung von den USA; Große Koalition → Entstehung der **APO** → **68er-Bewegung** als Protestbewegung mit antiautoritären und pazifistischen Zielen
- Diskussionen über Verhältnis von Literatur und Politik → Gesellschafts- und Zeitkritik als Aufgabe der Literatur → **Politisierung der Literatur**
- Themen: **gesellschaftspolitische und soziale Probleme**, **Kritik an Verdrängung der NS-Vergangenheit**, Frage nach Rolle der Eltern im NS-Staat, deutsche Teilung
- politischer Zeitroman, **Dokumentartheater**, **politische Lyrik** und experimentelle Gedichte
- Forderung von Verständlichkeit und Abkehr von jeglichen Ideologien → teilweise Auflösung der Grenzen zwischen literarischen und nicht-literarischen Formen

Neue Innerlichkeit / Neue Subjektivität (1970er-Jahre)

- Hintergründe: Rückzug vom Politischen vs. Radikalisierung (**RAF**-Terror); Entstehung der **Frauenbewegung**; Entspannung im Ost-West-Konflikt (Ostpolitik Brandts, KSZE-Schlussakte)
- **Resignation und Identitätssuche** → Aufwertung des Individuums und seiner Subjektivität → **Neue Subjektivität/Neue Innerlichkeit**: Gestaltung subjektiver Wirklichkeit und Verarbeitung innerer Erfahrung → Tendenz zu **autobiografischer Bekenntnisliteratur**
- gesellschaftskritische **feministische Literatur** mit Infragestellung traditioneller Rollenbilder
- Themen: **Selbstfindung**, **Selbsterfahrung und Innenschau**, Alltag und Beziehungen, Erleben des Einzelnen im Spannungsfeld zur Gesellschaft, Gewaltstrukturen im Geschlechterverhältnis

- Lyrik und Epik als bevorzugte Gattungen zur Darstellung von Innerlichkeit
- Streben nach **Authentizität:** Tendenz zu sprachlicher Kunstlosigkeit und Umgangssprache, zugleich emotionale und subjektive Sprache

Postmoderne (Strömung der 1980er-Jahre bis heute)

- Hintergründe: **Ökologie** als neues Thema in der Politik; allmähliche Liberalisierung des Ostblocks durch Gorbatschow; atomare, ökologische, soziale Katastrophen → neues **Krisenbewusstsein**
- zunehmende **Vielgestaltigkeit der Literatur** und Fortwirken der Tendenzen der 1970er-Jahre
- Nebeneinander verschiedener „Literaturen": Jugendliteratur, Trivialliteratur, experimentelle Literatur, gesellschaftskritische Literatur
- Annahme der Beliebigkeit von Wirklichkeit → **Infragestellen von Ideologien und Werten**
- **Konstruktivismus:** Wahrheit als gesellschaftliches Konstrukt → Pluralität von Sinnentwürfen
- Aufwertung der **Unterhaltsamkeit von Literatur** → Öffnung hin zu „Trivialgattungen" wie Schauerroman oder Kriminalroman
- Roman als bevorzugte Gattung → zahlreiche **intertextuelle Bezüge**
- Nebeneinander und **Montage verschiedener Stile und Formen**, Vorliebe für **Ironie**

Literatur der DDR (1950 –1989)

- Hintergründe: Gründung der **DDR** als Teil des totalitär regierten, sozialistischen Machtblocks unter der Herrschaft der Sowjetunion; Abschottung gegenüber dem Westen; **Stasi** → Kontrolle und **Zensur**; ab 1985 Stärkung der Bürgerrechtsbewegung; 1989 friedliche Revolution/Mauerfall
- staatlich verordnete Strömung des **Sozialistischen Realismus:** antifaschistisch, antikapitalistisch, arbeiternah → Ideal des selbstlosen und leistungsbereiten Arbeiters für das Gemeinwohl
- staatlich verordnete **Aufbauliteratur** der 1950er-Jahre: Überlegenheit des Sozialismus gegenüber Faschismus/Imperialismus
- „**Bitterfelder Weg**": Arbeiter als Schriftsteller und Schriftsteller als Arbeiter → **Idealisierung des Arbeiters** in der Literatur
- staatlich kontrollierte **Ankunftsliteratur** der 1960er-Jahre: Einrichten im Sozialismus
- **nicht systemkonforme Literatur:** subversive Aussagen, die durch Anspielungen, Verschlüsselungen und Verlegungen des Stoffs in den Mythos an Zensur vorbeikommen
- Epik und Lyrik als zentrale Gattungen; Liedtexte als kritische Ausdrucksform

Tendenzen der Gegenwartsliteratur (1990 – heute)

- Hintergründe: Wiedervereinigung 1990; Vormarsch **digitaler Massenmedien** (Internet, Smartphones, E-Books, soziale Netzwerke); islamistische Terroranschläge und Kampf gegen den Terror; **Globalisierung**; Flüchtlingsproblematik; Umgang mit Daten
- **Pluralismus:** gleichberechtigtes Nebeneinander verschiedener Menschenbilder und Kulturen → Herausforderung für Literatur, komplexer werdende Welt zu verarbeiten
- **Vermarktbarkeit** als zentrales Kriterium für Literatur → zunehmende Produktion von **Unterhaltungsliteratur** bzw. von Übersetzungen aus dem Ausland
- Themen: **Identität des Einzelnen** in globalisierter Welt, Auseinandersetzung mit DDR (**Wendeliteratur**), provokante Selbstinszenierung junger Schriftsteller und Aufgreifen von Alltagsthemen (**Popliteratur**), Fremdheitserfahrung (**interkulturelle Literatur**), biografisches Schreiben
- Roman als vorherrschende Textform
- facettenreiche Sprache, die z. T. an Ausdruckskraft verliert (→ Ausrichtung auf breites Publikum)

Sachtexte

Essay
- geistreiche und sprachlich anspruchsvolle Abhandlung zu einem Thema aus z. B. Wissenschaft, Politik, Gesellschaft, Literatur, Religion (auch: Gedankenspaziergang vor den Augen des Lesers)
- ausgehend von konkreter Fragestellung werden in freier, oft unsystematischer Form Pro- und Kontrapositionen rhetorisch geschickt dargestellt, wobei persönliche Ansichten und Erlebnisse im Vordergrund stehen können
- gekennzeichnet durch Leichtigkeit, Unbefangenheit und stilistische Virtuosität, oft Verzicht auf objektive Nachweise und definitive Antworten

Glosse
- zugespitzte, wertende Anmerkung zu tagesaktuellem Thema mit abschließender Pointe
- satirische Form des Kommentars, oft zahlreiche rhetorische Mittel (z. B. Hyperbel, Ironie)

Interview
- Wiedergabe eines Frage-Antwort-Gesprächs zwischen Journalist und einer oder mehreren Personen (meist des öffentlichen Lebens, d. h. aus Film/Fernsehen, Politik, Sport usw.)
- Ziel ist z. B. Klärung eines strittigen Sachverhalts, Vorstellung einer Person, Meinungsäußerung

Kommentar
- subjektiv wertender Meinungsbeitrag zu aktuellem bzw. allgemein bekanntem Thema
- Autor (immer namentlich genannt) legt persönlichen Standpunkt sprachlich geschickt dar, versucht Leser argumentativ zu überzeugen, teils ironisch-spöttischer Stil
- beginnt meist mit Hintergrunderläuterungen zum Thema und endet mit Fazit bzw. Appell

Rede
- öffentlicher Vortrag (basierend auf schriftlichem Konzept) zu einem gesellschaftlichen, privaten oder geschäftlichen Thema, oft mit dem Ziel, Zuhörer von den eigenen Ansichten zu überzeugen
- geschickter Einsatz rhetorischer Mittel und Adressatenbezug durch direkte Ansprache

Rezension
- anschaulich und präzise formulierte Zusammenfassung und persönliche Bewertung eines Buchs, einer Theaterinszenierung oder eines Films
- Ziel: Leser informieren und ggf. Empfehlung abgeben

Epik

Fabel
- unterhaltsame Erzählung von geringem Umfang mit lehrhafter Schlusspointe
- die Handelnden sind Tiere, die für menschliche Eigenschaften stehen (z. B. Biber → Fleiß)
- endet in der Regel mit „Moral" = Lehre für den Menschen

Kurzgeschichte
- Geschichte, die in einem Zug zu lesen ist (< 20 Seiten)
- handelt meist von alltäglichen Begebenheiten, die eine überraschende Wendung nehmen
- wenige Figuren, oftmals „Typen" (keine Namen, übertragbar)
- in der Regel nur ein Handlungsstrang, umfasst relativ kurze Zeitspanne, kein Ortswechsel
- beginnt mit unmittelbarem Einstieg, keine Vorstellung der Figuren, rascher Handlungsverlauf (→ Höhepunkt), endet offen (d. h. mehrere Ausgänge der Handlung denkbar)

Märchen
- Ort und Zeit unbestimmt, formelhafte Sprache (*Es war einmal …*)
- Figuren/Verhalten in „gut" und „böse" einteilbar, das Gute gewinnt → belehrender Charakter
- Gegenstände und Figuren aus mittelalterlicher Gesellschaft (*Königssohn*) oder magischer Welt (*Zauberspiegel*), übernatürliches Geschehen (*Hexerei*), oft magische Zahlen (3, 7, 12)

Novelle
- Erzählung mittlerer Länge, in deren Mittelpunkt ein außergewöhnliches Ereignis steht
- Handlung in der Regel einsträngig mit Höhe-/Wendepunkt und geschlossenem Ende
- oft Leitmotive oder wiederkehrende Dingsymbole, Einfluss des Zufalls auf Schicksal der Figuren

Roman
- Erzählung von großem Umfang mit zahlreichen komplexen Figuren und Handlungsverläufen
- oft psychologisch ausgestaltete Hauptfigur
- zahlreiche Genres: Kriminalroman, Liebesroman, Abenteuerroman, Fantasyroman usw.

Dramatik

Komödie
- unterhaltsames, humorvolles Theaterstück, oftmals mit klassischem Aufbau (fünf Akte)
- Protagonisten geraten aufgrund ihrer Schwächen in Konflikt, der sich immer weiter verschärft
- endet mit glücklicher Auflösung des Konflikts, in der Regel gewinnen die „Guten"

Tragödie
- tragisches, emotional bewegendes Theaterstück, oft mit klassischem Aufbau (fünf Akte)
- Protagonisten geraten durch schicksalhafte Fügungen (z. B. Verlieben in die „falsche Person") oder menschliche Fehltritte in schwerwiegenden Konflikt
- endet meist mit dem dramatischen Tod des Helden/der Heldin und weiterer Figuren

Lyrik

Ballade
- Gedicht, in dem auf anschauliche, lebendige Weise eine Geschichte erzählt wird (Erzählgedicht)
- formal: Strophen, Verse, Reime, Metrum; sprachlich: oft wörtliche Rede; inhaltlich: spannender Handlungsverlauf (Themen: z. B. Liebe, Heldentaten) → vereint Lyrik, Epik und Dramatik

Lied
- sangbares Gedicht mit durchgängig der gleichen Strophenform (meist Übereinstimmung der Strophe mit einem Satz)
- alternierende Verse mit Kreuz- oder Paarreim und schlichte, gut verständliche Sprache
- oft unmittelbarer Ausdruck lyrischer Empfindungen bzw. individuellen Erlebens → besondere Beliebtheit in der Romantik

Sonett
- sprachlich und formal kunstvoll gestaltetes Gedicht
- in der Regel strenger Aufbau: zwei Quartette (Strophen aus vier Versen) gefolgt von zwei Terzetten (Strophen aus drei Versen)
- häufig inhaltlicher Gegensatz zwischen Quartetten und Terzetten, letzte Verse oft wie Pointe

Stilmittel	Beispiel
Akkumulation: Anhäufung von Wörtern ohne Nennung eines Oberbegriffs	*Sonne, Mond und Sterne*
Allegorie: systematisierte Metapher, die durch Reflexion erschließbar ist	*Justitia (Gerechtigkeit)*
Alliteration: aufeinanderfolgende Wörter mit gleichem Anlaut	*wunderbare Welt, Kind und Kegel, zehn zahme Ziegen*
Allusion: Anspielung	*Du weißt, was ich meine.*
Anapher: gleicher Anfang aufeinanderfolgender Sätze/Verse	*Gehe nach Hause. Gehe dorthin, so schnell du kannst.*
Anrede: Hinwendung an den Adressaten	*Meine Damen und Herren, …*
Antithese: einander entgegengestellte Begriffe, Bedeutungen oder Gedanken	*Ruhe auf dem Land, Lärm in der Stadt, Himmel und Hölle*
Aphorismus: knapp formulierter Sinnspruch	*Die Zeit heilt alle Wunden.*
Archaismus: veralteter sprachlicher Ausdruck	*Seid gegrüßt, holde Maid!*
Assonanz: vokalischer Gleichklang	*sobald, Obacht, Wohlklang*
Asyndeton: Reihung ohne Konjunktionen	*Er kam, sah, siegte.*
Chiasmus: Überkreuzstellung	*Der Einsatz war groß, klein war der Gewinn.*
Chiffre: Zeichen, dessen Inhalt rätselhaft und letztlich nicht zu erfassen ist	*Purpurne Seuche, Hunger, der grüne Augen zerbricht.*
Diminutiv: Verkleinerungsform	*Blümlein, Mäuschen*
Ellipse: unvollständiger Satz, fehlende Satzteile	*Je früher, desto besser.*
Enjambement: Satz greift auf nächsten Vers über	*Die Wolken fliegen / über das weite Land.*
Epipher: gleiches Ende aufeinanderfolgender Sätze/Verse	*Alle lieben den Hund. Die Nachbarn reden nur noch über diesen struppigen Hund.*
Euphemismus: beschönigende Umschreibung, Untertreibung	*Wir müssen Personal abbauen. (anstatt: Wir müssen unseren Mitarbeitern kündigen.)*
Exclamatio: Ausruf	*Hoch soll er leben!*
Geminatio: unmittelbare Wiederholung eines Wortes oder Satzteils	*Geh, geh!*
Hyperbel: sehr starke Übertreibung	*Ich warte hier schon drei Millionen Jahre auf dich.*
Inversion: Abweichung von normaler Satzstellung	*Am Straßenrand eine seltene Pflanze ich sah.*
Ironie: versteckter Spott, gemeint ist das Gegenteil von dem, was geschrieben bzw. gesagt wird	*Du bist mir ja ein Superhirn! (anstatt: Das war dämlich von dir.)*

Stilmittel	Beispiel
Klimax: (meist dreischrittige) Steigerung	Sie kicherten, lachten, grölten.
Lautmalerei: Nachahmung eines (Natur-)Lautes	Klingeling, Kikeriki, Ticktack
Litotes: Bejahung durch doppelte Verneinung	Die Schüler sind nicht unwillig.
Metapher: bildhafter Ausdruck mit übertragener Bedeutung, Vergleich ohne Vergleichspartikel	Du bist die Sonne meines Lebens. Dein Haar ist flüssiges Gold. Wir stehen am Fuß des Berges.
Metonymie: Verwendung eines Ausdrucks in übertragener Bedeutung (Gesagtes und Gemeintes stammen aus demselben Wirklichkeitsbereich)	Deutschland jubelt, Kafka lesen, eine Tasse trinken
Neologismus: Wortneuschöpfung	Himmelsengelsstimme
Oxymoron: Kombination aus Wörtern, die sich widersprechen	bittersüß, alter Knabe, Hallenfreibad, Eile mit Weile
Paradoxon: inhaltlich unlogische und widersinnige Aussage, meist in Form eines ganzen Satzes	Der Schmerz des Verlusts erfüllte sein Herz mit Freude.
Parallelismus: aufeinanderfolgende Sätze oder Satzteile mit gleichem Satzbau	Nina traf Nils im Park. Max besuchte Tatjana im Café.
Parenthese: Einschub	Dieses Buch – ich möchte ehrlich sein – hat mir nicht gefallen.
Periphrase: Umschreibung eines Begriffs	„der Gefallene" für „Sünder"
Personifikation: Gegenständen oder abstrakten Begriffen werden menschliche Fähigkeiten/Eigenschaften zugeschrieben	Der Wind spielte mit ihrem Haar und streichelte ihre Wange.
Pleonasmus: Häufung sinngleicher Wörter	Sie ist brav, nett, lieb.
Polysyndeton: Verbindung zwischen Wörtern und Satzteilen durch mehrmalige Wiederholung derselben Konjunktion	Und es wallet und siedet und brauset und zischt.
Rhetorische Frage: Scheinfrage, erwartet keine Antwort	Wer hat noch nie einen Fehler gemacht? Hast du vollkommen den Verstand verloren?
Symbol: Sinnbild, das für Abstraktes steht	rote Rose (für Liebe), weiße Taube (für Frieden)
Synästhesie: Vermischung von Sinnesgebieten	goldene Töne
Synekdoche: Ein Teil steht für das Ganze (auch Pars pro toto) oder das Ganze steht für einen Teil (auch Totum pro parte).	ein Dach über dem Kopf haben, eine Bibliothek lesen
Vergleich: bildhafter Ausdruck, durch Vergleichswort (wie, als) mit Gemeintem verknüpft	Sie ist leicht wie eine Feder, er ist schwer wie ein Elefant.

Bist du bereit für deinen Einstellungstest?

Hier kannst du testen, wie gut du in einem Einstellungstest zurechtkommen würdest.

1. **Allgemeinwissen**
Der Baustil des Kölner Doms ist dem/der … zuzuordnen.

a) Klassizismus   b) Romantizismus
c) Gotik   d) Barock

2. **Wortschatz**
Welches Wort ist das?

N O R I N E T K T A Z N O

3. **Grundrechnen**
-11 + 23 - (-1) =

a) 10   b) 11   c) 12   d) 13

4. **Zahlenreihen**
Welche Zahl ergänzt die Reihe logisch?

17 14 7 21 18 9 ?

5. **Buchstabenreihen**
Welche Auswahlmöglichkeit ergänzt die Reihe logisch?

e d f f e g g f h ? ? ?

a) h i j   b) h g i   c) f g h   d) g h i

Alles zum Thema Einstellungstests findest du hier:

www.stark-verlag.de   **STARK**